世界著名自然科学家及科普知识系列丛书

FALADI HE WULI ZHISHI

法拉第和物理知识

楚江亭 / 主编

山西出版传媒集团
山西教育出版社

图书在版编目（CIP）数据

法拉第和物理知识/楚江亭主编. —太原：山西教育出版社，2015.7 （2022.6重印）

（世界著名自然科学家及科普知识系列丛书）

ISBN 978-7-5440-7730-9

Ⅰ. ①法… Ⅱ. ①楚… Ⅲ. ①法拉第，M.（1791~1867）-生平事迹-青少年读物　②物理学-青少年读物　Ⅳ. ①K835. 616. 1-49　②O4-49

中国版本图书馆 CIP 数据核字（2015）第 132549 号

法拉第和物理知识

责任编辑	彭琼梅
复　　审	杨　文
终　　审	孙旭秋
装帧设计	薛　菲
特约设计	周　璇
印装监制	蔡　洁

出版发行	山西出版传媒集团·山西教育出版社
	（太原市水西门街馒头巷7号　电话：0351-4729801　邮编：030002）
印　　装	北京一鑫印务有限责任公司
开　　本	670毫米×960毫米　1/16
印　　张	12
字　　数	109千字
版　　次	2015年7月第1版　2022年6月第2次印刷
印　　数	3 001-6 000册
书　　号	ISBN 978-7-5440-7730-9
定　　价	39.00元

如发现印装质量问题，影响阅读，请与印刷厂联系调换。联系电话：010-61424266

前　　言

　　无论什么时候，浩瀚的大自然总是能带给人类无穷的遐想。为了揭示大自然的奥秘，无数科学家进行了不懈的探索。他们的智慧，是点亮青少年心中希望的璀璨明灯，指引着他们的脚步向科学的更高峰攀登。

　　"世界著名自然科学家及科普知识系列丛书"就是我们为青少年朋友收集的珍贵的火种。

　　这套丛书共5册，精选了当今具有代表性的5位著名自然科学家，从不同的方面展现了这些伟大人物的优秀品格。从他们的成功之中，我们可以发现，智慧就蕴含在我们的日常生活之中，蕴含在被我们忽视的细节之中，蕴含在刻苦钻研之中，蕴含在对大自然奥秘的追求之中。

　　英国生物学家、进化论的奠基人达尔文，对动植物和地质结构等进行了大量的观察和采集，并出版了《物种起源》，提出了生物进化论学说。伽利略是意大利伟大的数学家、物理学家、天文学家，他发明了摆针和温度计，确立了自由落体定律。重视实践，尤其是科学实验是英国物理学家、化学家法拉第的特点，他的电磁感应定律奠定了电磁学的基础，改变了人类文明。俄国著名化学家门捷列夫发表了世界上第一份元素周期表，他还在气体定律、气象学、石油工业、农业化学、无烟火药、度量衡等领域不同程度地做出了成绩。德国著名数学家、物理学家、天文学家、大地测量学家高斯享有"数学王子"之称，他一生成就极为丰硕，以其名字"高斯"命名的成果达110个，属数学家之最。

从上述杰出人物的成就中，我们可以看到坚守的智慧，可以看到创新的精神，可以看到信仰的力量，可以看到执着的信念。在这5册书里，相信每一位青少年都能找到一座属于自己的灯塔，都能找到最适合自己的一个方向，都会增长自己某一方面的智慧。

科普知识涵盖科学领域的各个方面，无论是物理、化学、生物等专业学科，还是我们的日常生活，无不涉及科普知识。随着全球一体化的时代发展，加强科学技术普及教育，提高民族科学素养，已成为持续增强国家创新能力和国际竞争力的基础性工程。我们在介绍这5位著名科学家的同时，罗列了他们所研究和从事领域的科普知识，就是希望通过介绍自然科学和社会科学知识，推广科学技术的应用，倡导科学方法，传播科学思想，弘扬科学精神，激发青少年朋友学科学、爱科学、用科学的热情。

感谢这5位享誉全球的科学家为我们提供了如此丰富的精神食粮，也祝福读到这套书的青少年，愿你们能够以这些科学家为榜样，不畏艰难，勇于探索，追求真理，积极献身科学事业，树立为人类谋求幸福的伟大理想。

目　　录

第一章　磨难与考验

第一节　迈克尔·法拉第出生 …………………… 2
第二节　艰难度日 ………………………………… 4
第三节　顽皮的小报童 …………………………… 9
第四节　知识的海洋 ……………………………… 12
第五节　爱上科学 ………………………………… 15
第六节　科学的圣殿 ……………………………… 18
第七节　难得的机遇 ……………………………… 23

第二章　不懈的追求

第一节　期盼已久的夜晚 ………………………… 26
第二节　戴维教授的故事 ………………………… 28
第三节　精彩的演讲 ……………………………… 31

第四节　宝贵的时间 …………………………………… 34

第五节　精美的演讲录 ………………………………… 37

第六节　实现愿望 ……………………………………… 39

第三章　游历欧洲

第一节　到达巴黎 ……………………………………… 44

第二节　法拉第的收获 ………………………………… 46

第三节　意大利的实验 ………………………………… 48

第四节　探险的乐趣 …………………………………… 52

第五节　会见伏打 ……………………………………… 54

第六节　法拉第的苦恼 ………………………………… 56

第七节　给母亲的信 …………………………………… 61

第四章　爱情降临

第一节　发表论文 ……………………………………… 64

第二节　戴维的称赞 …………………………………… 66

第三节　爱上萨拉 ……………………………………… 68

第四节　写诗求爱 ……………………………………… 71

第五节　特殊的婚礼 …………………………………… 76

第五章　电磁之谜

第一节　奥斯特的发现 …………………… 80
第二节　站在巨人的肩膀上 ……………… 84
第三节　发现电磁转动 …………………… 86

第六章　伟大的发现

第一节　新的突破 ………………………… 92
第二节　引起误会 ………………………… 94
第三节　又一次成功的实验 ……………… 97
第四节　液态氯的发现 …………………… 100
第五节　实验的代价 ……………………… 103
第六节　广泛的研究 ……………………… 105

第七章　攀上科学的高峰

第一节　选择清寒的生活 ………………… 110
第二节　法拉第最伟大的发现 …………… 112
第三节　向纵深挺进 ……………………… 118
第四节　拒绝年金 ………………………… 121

第五节　疯狂工作 …………………………… 125

第六节　磁致旋光效应 ……………………… 128

第七节　"场"的概念 ………………………… 132

第八章　老骥伏枥

第一节　汤姆生 ……………………………… 138

第二节　麦克斯韦 …………………………… 142

第三节　平常的法拉第 ……………………… 147

第四节　善良热心的人 ……………………… 151

第五节　生命不息 …………………………… 154

第六节　安度晚年 …………………………… 156

科普小知识——物理知识

一、无线电知识 ……………………………… 159

二、磁场知识 ………………………………… 172

第一章

磨难与考验

  迈克尔·法拉第出生在一个贫困的家庭，他的父亲是一名铁匠。法拉第嗜书如命，在里波先生铺子里当学徒时，他常常偷看报纸和书籍。为了做书籍里的实验，法拉第克服重重困难，废寝忘食地进行科学研究。由于自己的认真努力和不懈追求，法拉第引起了当斯先生的注意，当斯先生给了法拉第迈入英国皇家学院的机会。

第一节 迈克尔·法拉第出生

这是一个孕育着希望、充满着机会的年代。瓦特新发明的蒸汽机震撼了英国。工厂的烟囱如雨后春笋般地出现在英国的土地上。伦敦城里，一幢幢华厦平地而起，马车像泰晤士河水一样不停地流动……

这也是个令人失望、痛苦的年头。流水般的黄金是向着有钱人流去的。在这年头，做穷人可不是一件好受的事情。

1791年9月22日，铁匠詹姆斯·法拉第家里偏偏又多了一张吃饭的嘴。

詹姆斯·法拉第（以下统称詹姆斯）已经有了一个儿子和一个女儿，负担很重了，可是当他看到妻子玛格丽特那张疲惫、苍白的面孔的时候，当他看到躺在妻子身边的新生婴儿那张可爱的毛茸茸的小脸的时候，他心里不由得升起一股柔情。铁匠举起长满老茧的手拍了拍自己的额头，愉快地笑了，似乎那新生命的出世，给他带来了新的希望。他给小儿子起名叫迈克尔，这是为了纪念儿子的外祖父——玛格丽特的父亲也叫迈克尔。

詹姆斯只有30岁。他原来住在约克郡乡下,是个乡村铁匠。五年前,他和一个有爱尔兰血统的农家姑娘结了婚。婚后不久,他就带着新娘离乡背井,来到伦敦城南萨里郡的纽英顿镇上,租下几间屋子,开了一个小铁匠铺。别人告诉他,伦敦城里城外,马蹄嗒嗒,车轮滚滚,家家铁匠铺炉火通红,生意兴隆,凭着他那双有力又灵巧的手,可以把日子过得舒舒服服。詹姆斯初到这里的时候心里也充满着希望,可是后来他却失望了,这里的生活和约克郡乡下一样艰难。这个铁匠天天和火打交道,家里却生不起火。屋檐上挂着冰柱,窗上冻了一层厚冰,一家人只有围着厨房里的炉火才能暖和一下身子。

迈克尔5岁的时候,詹姆斯又搬家了,这次是从伦敦城外搬到城里。他在曼彻斯特广场附近的一条小巷里租了几个房间,房间在二楼,开门出去就是摇摇晃晃的木楼梯,通到院子里。楼下是一间停放马车的车库,每当有马车进出的时候,房间就会抖动起来,发出"嘎吱嘎吱"的颤音。不过他们总算在伦敦城里安了一个家,玛格丽特很高兴,她自己动手,做了一幅色彩鲜艳的窗帘,挂在临院子的窗口。这样一层薄薄的窗帘,自然挡不住马的嘶鸣、车夫的吆喝,也挡不住牲口粪便和浸透了牲口汗水的皮革的臭气,可是,这里毕竟是新的家,新的希望又展开在铁匠詹姆斯面前。

第二节　艰　难　度　日

　　詹姆斯是一个很开明的人，尽管自己身体不好，家里的经济又十分拮据，但他爱孩子，想方设法让孩子读书。

　　那时英国的启蒙教育，老师特别重视教孩子学说话。

　　当时的英国推崇这样一种时尚：凡人想要当官，必须先学会拿腔拿调地说话。在交往中，必须说上流社会通行的官方英语。假如不会说官方英语，休想找到一份上等的职业。要知道，一个人的语言习惯是天生的，要想换一种腔调说话，有时比学一门外国语言要困难得多。

　　迈克尔出生在伦敦南郊，长在伦敦城里，同样遇到了这个困难。虽然他生来能言善辩，但要他说起地道的官方英语，他就一筹莫展了。

　　有一天上口语课的时候，女老师叫起了迈克尔："迈克尔，你念一下'罗'这个字。"

　　"沃！"迈克尔重复地念了几遍。

　　"不，不是'沃'，是'罗'。"女老师念了一遍。

　　"沃！"迈克尔使出全身力气又念了一遍。

　　"你念你哥哥的名字：'罗——伯——特'！"

"沃——伯——特!"迈克尔不知所措地重复了一遍。

女老师见迈克尔几次把"罗"念成"沃",表现出不高兴和不耐烦的样子。

突然,女老师把脸一沉,大声叫迈克尔:"听着,跟我说,罗——伯——特。"

向来不服输的迈克尔,此刻像受到了莫大的屈辱似的,泪水夺眶而出,头低了下来。

"迈克尔,你耳朵聋了吗?我要你跟我一起说'罗——伯——特'。"

迈克尔装着没有听到的样子,没作回答。顿时教室里鸦雀无声。此刻,女老师的脸上像布满了乌云。她从上衣兜里摸出一块硬币,朝迈克尔的哥哥罗伯特吼道:"罗伯特,你过来!"

罗伯特身不由己,慢腾腾地来到老师跟前,一声不吭。

女老师气鼓鼓地把刚才掏出的那块硬币,就是当时英国流行的货币半个便士,塞到他的手里,然后厉声甩出了一句:"赶快去,到隔壁的杂货摊上买一根手杖来!"

"干什么用?"罗伯特用略带不满的声调问道。

"不用问了,叫你买你就去买!"

其实,罗伯特心里非常明白:因为自己的弟弟迈克尔说不清自己的名字,老师让他去买手杖是为了教训弟弟。

与弟弟同甘共苦的罗伯特心里非常清楚,他无论如何不能这么做。罗伯特心里想着，假装朝教室门外走去。

突然，他停住了脚步，猛一回头，看了女老师一眼，表现出不满的神情。他一抬手，把那半个便士使劲儿朝女老师的方向扔去，二话没说，领着弟弟就跑回了家。

爱尔兰人是不屈不挠的，罗伯特和迈克尔的血管里流着爱尔兰民族的血液，他们从小就养成了不甘受人欺负，干什么事情都不服输的倔强性格。回到家里，兄弟俩义愤填膺地向妈妈诉说了事情的经过，并发誓从今以后再也不去女老师教书的学校读书了。

他们的母亲听了也火冒三丈，她答应他们的请求，并四处奔波，费了九牛二虎之力把他们转到了一所公立小学。她本来就想让他们转学，因为公立小学是专门为穷人的孩子办的，学费更便宜些。

迈克尔在公立小学上学，放学后回家看管妹妹。他现在有了一个妹妹，名字和妈妈一样，也叫玛格丽特。妈妈把玛格丽特交给他，自己就可以腾出身来到市场上去买点便宜货，为了半个便士讨价还价、争吵、奔跑。只要看到母亲回家时那张愁苦的脸、那个空空的口袋，迈克尔就知道，今天面粉价钱又涨了，土豆也涨价了。至于肉，家里已经好久没吃肉了……

詹姆斯的四个孩子越长越高，他的心却一天天沉下去。他觉得自己的身体越来越不行了。他在乡下本来是个健壮的汉子,可是到伦敦以后,常常生病,身体变得很虚弱。铁锤拿在手里,没有打几下,他就心慌气喘。对于一个铁匠来说,还有什么比丧失健康更可怕的呢?詹姆斯觉得,可能是太累了,也可能是伦敦的气候太潮湿、太阴冷。他总抱着希望,也许多休息几天就会好,也许到了夏天就会好。可是,这个希望不能实现,他必须干活,一家六口要靠他养活,而伦敦的天气又总是那样阴冷,总是雾蒙蒙的,总是细雨夹着雪珠,直冷到人的骨髓里。

可怕的事情终于来临了。詹姆斯三天两头病倒,他的铁匠铺支撑不住了,最后不得不盘给别人。现在,詹姆斯已经丧失了劳动的能力、劳动的工具和劳动的地方,这个劳动者还能做什么呢?他只能躺在床上叹息了。看到妻子双手空空地从街上回来,看到四个孩子干瘦的身子和期待的目光,他的心像刀绞一样。于是,他又挣扎着爬起床,跑到人家的铁匠铺去当帮工,挣几个钱。但是第二天,他又倒下了。

一个女人和四个孩子靠一个病人养活,这日子怎么过呢?他们连马车房楼上那几间小房间的房租也付不起了。他们只得又搬家,搬到更便宜的地方去住。他们只能向慈善机构伸手求救了。

法拉第全家每星期领来的救济粮,分到迈克尔手里,只有一个很小的面包。一个蹦蹦跳跳的九岁男孩子,一顿饭就可以把这样的一个面包吃完。

妈妈为了让迈克尔能顺顺利利地度过一周,特意把面包切成 14 片。切完后,她把迈克尔叫到眼前说:"好宝贝,从今天开始,每天早上吃一片,晚上吃一片,不要多吃,多吃了,剩下的日子就没法过了。"妈妈说着,眼眶都红了。

迈克尔看着妈妈,他 9 岁了,已经懂事了,他忍受得住。哥哥、姐姐、爸爸、妈妈,大家不都在忍受吗?连妹妹都在忍受。迈克尔忍住泪水,他向妈妈微笑一下,点了点头,说:"妈妈,放心吧,我不会多吃的!"

幸好,这样的日子没有持续太久。他们一家还没有来得及慢慢饿死,就有了转机。罗伯特到了 13 岁,他可以去当学徒了。按照当时的习惯,长子要继承父业,罗伯特便进了一家铁匠铺。玛格丽特也长大了些,妈妈可以到有钱人家里去打零工了。家里又有了笑声。

三年以后,迈克尔也快 13 岁了,他也可以离开学校,去当学徒了。不同的是,迈克尔学的不是铁匠。

一天,詹姆斯把迈克尔带到布兰福德街拐角上里波先生的铺子里。

第三节 顽皮的小报童

里波先生在布兰福德街2号开了一个铺子，经营书籍装帧，捎带也销售书籍、文具，还出租报纸。

19世纪初，出版印刷业还很不发达，书对大多数人来说是一种奢侈品，只有有钱人才买得起。一本书常常是看了又看，要传给儿孙，等到封面磨坏或散页以后，主人就把它送到书籍装订铺去重新装订，然后像新书一样重新放在书橱里。也有一些书被分成一册册小薄本出版，读者把这些小薄本买齐以后，再送到书店里装订。

当时报纸也还没有大量印行，也是很贵的，除非豪富显贵，很少有人家里订报纸。一般的中等人家都租报纸，看一两个小时，然后再还回去，这样就等于几家人合订一份报纸，便宜了许多。里波先生向报馆订了几份报纸，由报童按照一定的线路送到租报人的家里。说来也巧，这几天英国正在同法国打仗，大家关心前线的战事，所以向里波先生租报看的人越来越多，他正需要送报的报童。铁匠是他的街坊，他早就认识迈克尔，这孩子机灵、懂事，从小便讨人喜欢。里波先生答应铁匠，让迈克尔送一年报，要是孩子不偷懒、手脚勤快，一年以后正式收他做学徒。

从此，迈克尔·法拉第走上了谋生的道路。

他每天起早贪黑，按照里波先生规定的送报路线在伦敦城里东奔西跑，按时把别人租的报纸送到，一点儿怨言都没有。

此时的迈克尔是最快活的，他把自己挣来的便士一个个地交给妈妈，然后看着妈妈的脸上绽开笑容。他更为自己能趁着送报的机会偷偷看报而兴奋。尽管报上有许多字他都不认识，自然有很多地名他也不知道，但每当碰到这样的情况，他都牢牢地记下来，抄到一个小本上，以便随时找人请教。

别看迈克尔年龄小，但他做事麻利，守时守信，所以经常受到里波先生的夸奖。迈克尔在与里波先生相处的日子里，总是看到这位长者圆圆的略显肥胖的脸上挂着微笑。里波先生对迈克尔非常好。

迈克尔见里波先生特别喜欢他，就经常向他请教各种问题，他把偷偷看书时记下的一些弄不懂的问题，例如什么叫哲学，为什么在哲学前面加"自然"两个字就叫自然哲学，圣彼得堡在哪里等等，一股脑儿提了出来。

里波先生特别喜欢迈克尔这种善于思考、钻牛角尖的精神，他感到迈克尔和其他报童不一样，这个报童什么都想问，什么都想知道。每次，他除了认真地回答迈克尔提出的问题以外，心里都暗暗地为自己找到了这位称心如意的报童而庆幸。

迈克尔也有淘气的时候，不过他的淘气也有点与众不同。

那是一个艳阳高照的日子，花园里太阳照在人身上暖洋洋的。树上的小鸟叽叽喳喳地叫个不停。此时的迈克尔再也坐不住了，他顺着花园的护栏向前走去。正当他埋头向前走的时候，一棵大树挡住了他的去路。

这时迈克尔抬头一看，只见这棵大树树影婆娑，粗大的树干在铁栏杆上方弯了一个大直角之后，歪到隔壁人家的花园里去了，在那里投下一片大树荫。

脑筋不停转动的迈克尔此刻琢磨开了：这棵树的根到底在哪里呢？要说在这边吧，树枝树叶全都在那边，连树荫、树上的小鸟也全在那边。但能说这是隔壁人家的树吗？不能！原因是树根明明长在这家人家的花园里。

究竟如何把自己今天看到的这棵树给别人讲清楚呢？迈克尔越来越觉得这很奇妙。顿时，灵感从他脑海里升起：这不也是一个"自然哲学"问题吗？此刻，13岁的迈克尔怀着好奇、探索的心，鼓足了勇气开始了他人生中的第一次"科学实验"。他先把两只手臂从栏杆缝里伸过去，再把头也从铁栏杆缝里钻了过去。

此时，迈克尔下意识地感觉到，自己也仿佛成了一棵树，一棵特殊的大树，头在这边，脚在那边，不，脚在这边，头在那边。

到底在哪一边呢？迈克尔自己也弄不清楚了。

被"夹"在铁栏杆里的迈克尔思绪万千，他思考着从报上看到的"自然哲学"所涉及的各种各样的问题。

正当迈克尔的思绪向前延伸的时候，一阵"吱嘎"的开门声把他惊醒了，原来是女佣人给迈克尔还报了。

迈克尔为了不让女佣人看到自己"身首异地"的淘气样，猛一下把自己的头和手从铁栏杆缝里抽了回来。

不想让女佣人看到，偏偏她还是看到了。迈克尔三步并作两步飞快地跑到大门口去接报纸。女佣人惊叫了一声："乖乖，小报童迈克尔，你怎么了？"

原来迈克尔的鼻子在钻铁栏杆的时候不小心刮破流血了。他笑了笑回答说："没什么！这是我第一次'实验'的收获。"

第四节 知识的海洋

一年的时间很快就过去了。迈克尔勤劳能干，聪明伶俐，又勤奋好学，里波先生很满意。他答应铁匠，收迈克尔做学徒，7年满师。按照当时英国有些行业不成文的规矩，学徒头几年不但没有工资，反而要付给老板一笔食宿费。可是里波先生心地善良，他见迈克尔忠诚善良、踏实肯干，自己又打心眼儿里喜欢这个男孩子，所以破例不收迈克尔的食宿费。

从此以后，迈克尔告别父母，搬到里波先生的铺子里，开始了他的学徒生涯。

迈克尔住在店堂楼上的一间小阁楼里。每天清晨，一醒来他就能闻到纸张、油墨、胶水和牛皮的气味。店门关了一夜，这些气味散发不出去，到了第二天早晨就特别浓郁，其中夹杂着苦涩、辛辣而又芬芳的气息。可是迈克尔只觉得芳香扑鼻，因为那是书的气味。书，这是多么神圣的字眼！他走进店堂，深深地吸了一口气，拐到里面的一间小屋子里，在工作台前坐下，开始了一天的劳动。

迈克尔的母亲不识字，父亲也识字不多。他的家里只有一本书，那就是家家都有的《圣经》。可是现在，前后、左右、上下，全都是书，什么书都有，从《一千零一夜》到《莎士比亚戏剧全集》，从通俗科学读物到《大英百科全书》，应有尽有。

迈克尔很快就学会了书籍装订的手艺，他装订得又快又好，没过多久就赶上了店里的师傅。现在，他可以偷空看看经自己手装订的书了，就像他以前送报的时候偷空看报那样。起初他只是觉得好奇,想知道这些书讲的是什么。他不过是随便翻翻看看,可是他这样信手翻阅,竟好像撩起了智慧女神的面纱,窥见了她无比美丽的容貌,迈克尔深深地爱上她了。渐渐地,每一本经他装订的书,他都要仔细地阅读一番。

迈克尔的头脑像一块巨大的海绵,被抛进了知识的海洋,他贪婪地吸吮着。

少年的迈克尔是幸运的,他万万没有想到,自己在刚刚懂事的时候,就碰到了像里波先生这样的好东家。他暗自庆幸:如果自己的老板不是里波先生,自己作为一个学徒,去偷偷看书,不守规矩,那肯定是要挨打受骂的,说不定早就被赶走了。

里波先生是一个心肠特别好的人。书摊是他的饭碗,过去他是不容许学徒在劳动时偷看书的。爱读书的人,里波先生见得多了,他唯独没有见过像迈克尔这样嗜书如命的人。

忙碌了一天之后,迈克尔从不让人催促,他早早便会把订书用的铜尺、切刀、胶水这些工具收拾得利利索索。有时他连干活时用的围裙、袖套还没有顾得上脱掉,就坐在工作台前认真地看起书来了。

此时,迈克尔就像一个贪婪的"书虫子",正在一口口地"吃书",每当读到好的句子,他就立即抄录下来,碰到好的插图就赶紧画下来。迈克尔不知疲倦读书的事深深地感动了里波先生。一次,里波先生想劝说迈克尔下班,走近一看,却被迈克尔那副模样惊呆了。只见迈克尔的嘴微微地撅了起来,一副沉思的样子,过一会儿,又露出欣慰的微笑,里波先生看了之后顿生怜爱之心。

第五节 爱上科学

通过读书,迈克尔走上了科学之路。在里波先生的店堂里,他读了《大英百科全书》和玛西特夫人写的《化学漫谈》。《大英百科全书》里讲的关于电的现象、玛西特夫人讲的化学实验,把迈克尔迷住了。

拿一根玻璃棒在毛皮上摩擦儿下,玻璃棒就能吸引纸屑,这就是电。这个他知道,他在其他的书上看到过,而且自己也试验过这小小的电的吸力。可是现在《大英百科全书》里说,可以把这些细微的电贮存起来,贮存多了就可以"啪"的一下放出一个火花,像天上的雷鸣、闪电一样。不是在天上,而是在地上,就在自己家里,能够制造出隆隆的雷声、耀眼的闪电,这简直太有趣了!还有,玛西特夫人的书上说,只要把一块铜片和一块锌片浸在盐水里，就能做一个伏打电池，使电源源不断地流动起来。将许多伏打电池串联起来，就能使水分解成两种气体，而这两种气体混合在一起，一点火，又会"轰"的一声爆炸，重新再变成水。啊，电，化学，太神奇了！

迈克尔是最敢做、最肯做的，就是实验。他要把书上讲的每个实验都做一遍，亲眼看到那些神奇的现象呈现在自己的眼前。可是，做实验要有仪器、药品，而那些是需要钱的，穷学徒哪里有钱呢？

贫穷像一座大山一样拦在迈克尔的面前。意志薄弱的人在这座山面前一筹莫展，然而贫穷不仅没有使迈克尔意志消沉，相反却使他更加坚强。在他看来，贫穷是苦难，欢乐又往往蕴含在苦难之中。

迈克尔如今最大的快乐就是追求科学。休息时间，他常跑到药房里去拣别人扔掉的小瓶子，再花半个便士去买一些便宜的药品，然后兴高采烈地回到自己的小阁楼里组装起来，一个小实验室就这样诞生了。

有一天，迈克尔突然发现一个杂货铺里有大玻璃瓶子卖，中等大小的卖1便士，大的卖6便士。他眼前一亮，兴奋得差点喊出声来。原来他看到的这两个瓶子的大小正好同《大英百科全书》讲的贮电瓶和电机一样，如果能买到这两个瓶子，他就可以做出一套绝妙的电学实验仪器。

迈克尔脑海里立刻就绘制好了自己的图样：架子做成

正方形的，轴安在中央。此刻，他陶醉在自己的遐想中，可当他把手插到了裤袋里，才意识到自己的裤袋里只有 1 个便士，当然这是他预料之中的事。

迈克尔用自己唯一的 1 个便士买回了两个小瓶子，他照着书上画的样子做了一个电机，可是结果不理想。原因很简单，小瓶子容纳不下足够多的电量。为了能买回那个大玻璃瓶，迈克尔不知熬过了多少星期才凑够了 6 个便士。

大玻璃瓶买回来了，迈克尔心里特别高兴，他独自躲在小阁楼里做起了电机和贮电瓶的实验。

迈克尔做的第一个实验是电学实验。他先在玻璃瓶里外敷上锡箔，充电以后，果真"啪"的一声打出了一个细小的火花。这哪里是火花，这分明是"雷电"啊！此刻，迈克尔倍感自豪，因为他不仅认识了电，而且还亲自制造了一次"雷电"。

迈克尔做的第二个实验是把锌放在盐酸里，他在认真观察后发现，盐酸里真的放出了能燃烧的气体。气体"扑"的一下燃烧起来，冒出了火苗。

实验成功了，迈克尔高兴得手舞足蹈，他唱着跳着，他忘记了自己在什么地方，也忘记了眼下已是午夜 12 点了……实验还在继续进行。

有一天，里波先生来到小阁楼里想看个究竟，他刚刚踏进门槛，就闻到了一股难闻的气味，再看迈克尔的桌子上、床底下，横七竖八到处摆放着各色各样的瓶子和罐子。

里波先生看到迈克尔在这不大的阁楼里大显身手。他一会儿抓起一个小瓶子，一会儿抓起一个大瓶子，身子灵巧得像玩杂技似的。奇迹果真在迈克尔的手里出现了，红的变蓝，蓝的变红，烟雾火花，变幻不停。

里波先生虽然对迈克尔做的实验了解不多，然而有一点他清楚：迈克尔着魔了。

一个孩子忘了吃饭，忘记睡觉，两只眼睛炯炯放光，那就绝不是闹着玩，他是在追求科学的天堂。

第六节 科学的圣殿

1810年初，迈克尔·法拉第到里波先生的铺子里当学徒已经有五年了，现在迈克尔手下有两个报童可以供他差遣，可是有许多事情，东家还是愿意叫他去做。比如，书籍装订好以后要送回顾客家里，这类事情就常常要迈克尔去做。书籍很贵重，有些顾客又很挑剔，不过，把书交给迈克尔送，那是一定不会出差错的。这小伙子爱书如命，肯定不会把书弄脏弄坏的。东家知道这一点，顾客也知道这一点。今天，夹在迈克尔腋下的是英国著名诗人弥尔顿的代表作《失乐园》和《复乐园》，他要把这两本书送到一位医生家里。

迈克尔在街上走路总是急匆匆的，那些豪华的大商店、精致耀眼的橱窗，从来也引不起他的兴趣。可是今天，在一条布满书店和报馆的街上，他的眼睛被一张贴在橱窗里的布告吸引住了：

塔特姆先生，主讲自然哲学，每次收费1先令（英国过去的货币名称，1先令等于12便士）。地点：多西特街53号。

迈克尔站住了。"塔特姆先生，主讲自然哲学"，这句话看得他心里痒痒的。突然，他的心猛跳了一下，就向下沉——他的眼睛紧贴在橱窗上，看到了"每次收费1先令"这几个字。嘴里呵出的热气在橱窗玻璃上结了一层雾，他插在裤袋里的双手下意识地攥紧了，他攥到了一把裤袋布，除此之外，什么也没有。

迈克尔轻轻地叹了口气，又迈开脚步向前赶路了。送完书回来，已经很晚，他匆匆吃完晚饭，便回到自己的小阁楼里。屋顶是斜的，窗户很小，里面又冷又暗，可是只要关上那扇薄薄的房门，这里就是他的世界了。在这个世界里，既没有财富，也没有贫困，只有他迈克尔·法拉第一个人，陪伴着他的是他搜集、制作的药品和仪器。只要从床底下、桌子底下把那些小瓶子、大瓶子搬出来，他就能忘却现实世界的一切，陶醉在自己的科学世界之中。可是今天晚上，他觉得心里烦躁。"塔特姆先生，主讲自然哲学，每次收费1先令。"那几行字在他的头脑里不停地转动，跳跃。

可是他只有一些瓶瓶罐罐，这是他的全部家当，他每星期的零花钱全都买了这些东西，算起来，这些也能值好几个先令，可是还不够听几次演讲的钱！自己辛辛苦苦积累了好几年，难道还不值塔特姆先生的几次演讲？

迈克尔·法拉第是理智的，他努力克制自己不要再去想白天看到的那个布告的内容，他想接着做昨天晚上的实验。但当他拿起电机，眼睛盯住记录实验结果的本子的时候，心里想的却是赶快凑够钱，争取早日听到塔特姆先生的演讲。

他星期天回家，和哥哥罗伯特谈的也是塔特姆先生的自然哲学演讲，他说得神采飞扬，头头是道。他的热情打动了哥哥。罗伯特问：

"这位塔特姆先生住在哪里？"

"住在多西特街。他的演讲就在他家的客厅里举行。"

"你去了几次？"

"我？"迈克尔苍白的脸上起了一缕红晕，他说："我没有去过。"

罗伯特愣了。他看着弟弟那张被热情燃烧着的脸庞,说:

"你当然很想去喽!"

"不,我不想去。"迈克尔说。

迈克尔的回答使罗伯特更惊讶了。他说:

"你那样感兴趣,为什么不想去呢?"

"收费太贵了,"迈克尔说,"每次要收一个先令呢!"

"噢,原来是这么回事啊!"罗伯特耸了耸肩膀说。他到里波先生的铺子里去过,也见过迈克尔摆弄那些电学仪器打出"噼噼啪啪"火花的时候又跳又叫、欣喜若狂的样子。他知道,这些自然哲学的玩意儿是迈克尔生活中最大的快乐。如果迈克尔有钱,不用说每次一先令,每次一镑他也一定会去的。罗伯特从口袋里掏出几个一先令的银币,塞在迈克尔手里,说:

"去吧,迈克尔,我有钱。"

"不,罗伯特,我不去,"迈克尔抓住哥哥粗大而又温暖的手说,"我不能拿你的钱。"

兄弟两人推让了半天。订书匠当然拗不过铁匠,迈克尔终于收下了钱。可是那几个先令捏在手里,真是不好受呢!迈克尔知道,罗伯特刚满师不久,他自己也没有多少钱。再说,爸爸的病越来越重,家里全仗着罗伯特一个人了,他的钱就是爸爸的药,就是妈妈和妹妹的面包,迈克尔怎么能拿这个钱自私地去满足自己的爱好呢？

然而，迈克尔·法拉第还是去了，不是因为他太自私，而是因为科学对他的吸引力太大了。他拿着罗伯特给他的钱，得到里波先生的许可，来到多西特街53号塔特姆先生的客厅里听自然哲学演讲。他坐在前排正中，全神贯注，倾听着，记录着。他的笔记本上不但写下了一行行娟秀的小字，记下了塔特姆先生的演讲内容，而且把塔特姆先生做实验用的仪器也仔仔细细地画了下来。

迈克尔听完塔特姆先生的演讲，回到里波先生的铺子里已经是深夜，楼上楼下全都睡了，可是他却像找到了巨大的宝藏一样，胸中燃烧着一团火，他哪里睡得着呀！他坐在轻轻摇曳着的蜡烛光前，拿起鹅翎笔，把笔尖修得尖尖的，开始誊抄自己的笔记。每一句话，他都细细品味；每一张图，他都精益求精。他写着，画着，忘掉了时间……

从1810年2月到1811年9月，迈克尔一共听了十几次塔特姆先生的演讲。然后他把誊抄清楚的笔记装订起来，就像装订《大英百科全书》那样仔细、认真，因为这是他第一次记录科学知识。他把这本自己记录、自己装订的《塔特姆自然哲学演讲录》送给里波先生。里波先生捧着这份礼物，戴上老花眼镜，认真查验它的装帧工艺，从封皮、书脊和扉页的安排到书写款式，全都查验到了。他看完礼物，抬起头来，和迈克尔炯炯有神的目光相遇了。他想说："孩子，你真是很特别，随便做什么事情，你都那样认真！"

但是话到嘴边，却没有说出口，里波先生知道，迈克尔已经长大了，不愿意人家再把他当小孩子看待。

第七节　难得的机遇

在书籍装订行业里，里波先生也是很特别的。他脾气好，有信用，不少学术界人士都乐意把书送到他的店里装订。有一天，皇家学院的当斯先生夹着一叠书，来到里波先生的铺子，他一眼就看到坐在角落里干活的迈克尔·法拉第。他把书交给里波先生，自己走到迈克尔面前。

当斯先生认识迈克尔，这个学徒干活又快又好，看他把装订好的书捧在手里，眯起眼睛里里外外端详着，你就知道他是爱书的。更使当斯先生惊讶的是，这个青年学徒不但装订书，还自己"编"书呢！里波先生把《塔特姆自然哲学演讲录》给当斯先生看过，详尽的记录，精美的插图，看得他赞叹不已。

以前，当斯每次来书摊只停一下就走了。今天他有意地问迈克尔："你想到皇家学院去吗？"

这一突如其来的发问，让迈克尔不知所措，他惊呆了。

从心底来说，迈克尔哪能不想去呢？他早就知道伦敦城里有一个出名的皇家学院，那是一个人才济济的地方。

迈克尔早就听说过，在那座闻名遐迩的英国皇家学院里有许多知名的教授，尤其是戴维教授的演讲棒极了。

一向观察细致、善于通过人的表情猜透人的心理活动的当斯先生已经猜到了迈克尔的心思。

"好，迈克尔，既然你对戴维教授的演讲那么感兴趣，那就大胆地去吧！"说完，当斯先生把四张到皇家学院听课的入场券递到了迈克尔的面前。

迈克尔双手接过，他那双清澈明亮的大眼睛里泛出了青春的光彩。当斯先生觉得，自己仿佛看到了一个朝气蓬勃的年轻人追求真理的强烈欲望，看到了迈克尔·法拉第不懈追求的目标……

第二章

不 懈 的 追 求

在皇家学院，法拉第见到了令他敬佩的戴维先生，听到了戴维先生的演讲，法拉第梦想着能进皇家学院工作，然而法拉第一次写给班克斯爵士的信没有得到回复。后来法拉第将一封信和自己整理、装订好的《汉弗莱·戴维演讲录》寄给戴维先生，戴维看后极为感动，他帮助法拉第得到了皇家学院实验室助手的职务。

第一节　期盼已久的夜晚

六年的学徒生活让迈克尔·法拉第增长了许多见识。他除了由衷地感谢里波先生对他各方面的关照外,尤其感激当斯先生对他的器重和厚爱。

自从当斯先生赠给迈克尔·法拉第四张到皇家学院听演讲的门票,他的心里就像一壶平静的冷水,被烧得沸腾了起来。

1812年早春的一天,对迈克尔·法拉第来说,是极不平常的日子。在月明星稀的夜晚,夜深人静的时刻,迈克尔·法拉第思考着自己今后应该走的路,思考着自己究竟怎样才能由一个孩子变成一个有作为的青年人。

此时,他感到格外充实,感到脚下的土地是那样凝重厚实。许多年以后,迈克尔·法拉第依然记得,那是令他终生都难以忘怀的时刻……

2月29日,那个盼望已久的夜晚终于来到了。迈克尔·法拉第吃完晚饭,特意换上了星期天去教堂才穿的干净衣服,走出了他工作6年多的里波先生的书铺。

2月的伦敦,凉意逼人。夜幕才刚刚降临,街上的行人就渐渐稀少起来。迈克尔·法拉第借着微弱的街灯在拐过几道弯之后，终于来到了皮卡迪利广场。

这里是伦敦最繁华的地带，车水马龙，一派热闹景象，吆喝声、叫卖声混杂其间。可是迈克尔·法拉第没有心思理会这些，他像一个肩负着重大使命的使者一样匆匆穿过广场，来到了艾伯马尔大街。

迈克尔·法拉第发现，他前面有一幢灰白色的高楼，这幢建筑物壮观极了！正面14根高大的柱子像巨人般傲然挺立，柱子上面的石檐上刻着的"英国皇家学院"几个大字，一下子跃入了他的眼帘。

此时，迈克尔·法拉第的心不由得怦怦跳了起来。本来从里波先生的书铺出来到这里要不了多少时间，可是今天他却像经过千里跋涉以后才来到他做梦都想来的地方。此刻，他兴奋、期待、激动，此刻的他恨不得一下子插翅飞进皇家学院里面去。

可是，皇家学院的大门还紧闭着，迈克尔·法拉第来得太早了，演讲要在半个小时以后才开始。于是他便在大街上来回踱步，积雪在他的脚下同样发出不耐烦的"嘎吱嘎吱"声。此刻，他的心情是急切的，然而又是充满着憧憬的……

第二节 戴维教授的故事

汉弗莱·戴维出生在英格兰西南角一个叫彭赞斯的地方，他的父亲是一个木雕艺人。戴维的父亲在戴维十几岁时就去世了，是勤劳善良的妈妈把戴维养大的。

戴维从小聪敏过人。他和法拉第一样，也是学徒出身，不过学的是药剂师行当，这是外公和母亲给他设计的生活轨迹。然而，戴维却有自己的想法。他从自己开始当学徒的那一天起，就给自己制订了一个学习计划，里面列有数不清的学习科目，光是语言就有七门——英文、法文、拉丁文、希腊文、意大利文、西班牙文和希伯来文。当时，才十几岁的戴维便制订了这样一个庞大的学习计划，由此可见，戴维是不甘心在家乡当一辈子药剂师的。

戴维最感兴趣的是化学，他决定长大后成为一名化学家，于是经常悄悄地研究化学。戴维研究化学首先是从研究光和热的现象开始的。他只花了几个月的时间就提出了自己的独特见解。他还发现了用冰互相摩擦，能融化冰，这为热运动理论提供了有力的证据。

一天，戴维把自己的发现写信告诉了布里斯托尔的名医贝多斯教授,教授看到戴维的实验结论,深信不疑。于是他在创办克利夫顿气体疗养院的时候,邀请戴维担任气体疗养院院长,当时戴维还不满20岁。

当时戴维做的第一个实验,是继续分析检测英国著名化学家普里斯特利发现的一种名叫"笑气"的气体的存在。他拿自己的身体做这个实验。在实验中,戴维发现,吸了这种气体之后,会不由自主地发笑。

有一次,戴维做实验时刚好牙龈肿胀,疼得难受,他猛吸了三口这种"笑气"(笑气在医药上被当成麻醉剂使用,是美国牙医威尔斯在1844年首创的,比戴维的发现晚了40多年)。突然,他感到胸部震颤,手脚抖动,在"咯咯"发笑的同时,牙龈一点儿也不疼了。

"笑气"实验使戴维名声大振。气体疗养院的天地太小了,他最终被介绍到了伦敦。1801年2月,他来到了英国皇家学院的所在地——艾伯马尔街21号。

当时掌握英国皇家学会实权的理事会秘书伦福德伯爵想起来了,早就有人向他推荐过戴维。他以十分友好的态度,欢迎这个刚满22岁,同时还带有点彭赞斯乡下气味的毛头小伙子。戴维个子不高,但身材匀称,动作机敏,真诚坦率,很容易便能让人喜欢上。

为了检验戴维的水平,他安排戴维做了一次试讲。

只见年轻气盛的戴维从容不迫地走上讲台。伦福德伯爵最初双目微闭，但是戴维一开讲，伯爵就被吸引住了。戴维讲话的速度比较快，然而用词准确精当，如果能将他每次讲课的内容记录下来，那就是一篇篇十分精彩的文章。伦福德伯爵越听越高兴。戴维刚一讲完，伯爵就喜不自胜地站了起来，对一起来听试讲的人说："皇家学院的一切统统应该归他调遣。"

此后，戴维先被任命为皇家学院助理化学讲师，同时兼任实验室主任和出版部助理。后来他又得到了皇家学会会长兼皇家学院院长约瑟夫·班克斯爵士的赏识，爵士把他从彭赞斯调到首都伦敦，使他跻身于英国科学界的巨子之列。

1802年5月的一天，对戴维来说，是他终生难忘的日子，23岁的他被任命为皇家学院化学教授。之后，他像一颗闪闪发亮的明星，迅速升起。1803年，不到25岁的戴维就当选为皇家学会会员，两年之后，他又获得了英国皇家学会的最高荣誉——柯普莱奖。

戴维到皇家学院不久，伦福德伯爵就去法国巴黎定居了。此时的戴维实际上已经成为皇家学院的灵魂。由于他的努力，皇家学院成了英国的科学中心。如今他才33岁，就已经赢得了很高的国际声誉。他对氯气的研究，他所发现的钠、钾都给科学界留下了深刻的印象。法拉第从报纸上、书上，以及别人的谈话中了解到戴维是一个了不起的人物，他敬佩他。他为什么把戴维当成心目中崇拜的偶像？法拉第在以后的回忆中曾谈到过这件事：戴维同样出身贫寒，没有受过正规教育，但他靠勤奋和天赋取得了举世公认的巨大成就，这是值得自己永远学习和效仿的。

第三节 精彩的演讲

法拉第正低着头在艾伯马尔街上来回踱步，心里想着戴维教授，忽然听到马的嘶叫声。他急忙躲闪，一匹高头大马，鼻子里喷着白色的雾气，在他面前站住了。随后，从车上走下一位头戴黑色礼帽，身穿黑色礼服的绅士和一位穿皮大衣的夫人。皇家学院那两扇沉重的大门打开了，走出一个穿制服的差役，他谦恭地低着头，把绅士和他的夫人迎了进去。这时，又来了几位听演讲的人。法拉第不禁低下头，看了看自己那条磨得不成样子的单薄的呢子裤子。他觉得脸上有点热，于是深深地吸了一口气，掏出票，跟在他们后面，走了进去。花篮形的吊灯把大厅照得亮如白昼。法拉第从来没有见过这样大的场面，正当他不知道该朝什么地方走时，忽然听到有人叫他，原来是当斯先生笑呵呵地迎了出来。

有当斯先生陪着,法拉第觉得自在多了。当斯先生领他登上一座楼梯,从大演讲厅的后面走了进去。

戴维终于出现了,坐得满满的大厅里响起一阵热烈的掌声。

他演讲的题目是发热发光物质,讲得那么轻松,却又那么透彻。他精神抖擞,神采奕奕,天才的光芒和热力似乎正从他的身上向外辐射。法拉第像接受了催眠术似的,一动不动地坐着,连笔记也忘了记了。他入迷了,但是他马上清醒过来,打开了笔记本。他飞快地记着,翻过一页又一页……

那像梦一般甜美的夜晚,法拉第一辈子也忘不了。但是那个夜晚也像所有甜美的梦一样,一下子就醒了——戴维只讲了一个小时。

法拉第是幸运的,他的"梦"是会再现的。他还有第二次、第三次、第四次……

4月9日,法拉第像前几次一样,来得很早。那天戴维教授演讲的题目是"金属",那是他最熟悉的,因为钠和钾这两种奇妙的金属,都是他用自己发明的电解方法制造出来的。

演讲结束后,戴维教授没有马上走,因为那天是个很有意义的日子,他想再多讲几句。10年前的一天,当他开始登上这个讲台的时候,他曾经说过:"人类财富和劳动的分配不平等，地位和生活条件有差别，这是文明生活的力量源泉，是它的推动力，甚至可以说是它的灵魂。"

不管听众赞成与否，戴维用自己这十年的成就，证实了自己的主张。人类的不平等是必然的、必要的，强者应该胜利。他是强者，他胜利了。就在昨天，他从摄政王手里接过爵士的绶带和证书，他已经成为汉弗莱·戴维爵士。和伟大的英国物理学家、经典力学的奠基者牛顿一样，戴维用自己的科学成就，为自己赢得了贵族的称号。他的婚礼订在后天举行，昨天的授爵，无疑是为他的婚礼准备的最好的贺礼。婚后，他将和新娘一起去度蜜月。他决定，今后不再在皇家学院作通俗化学演讲，他将把更多的时间和精力投入到创造性的科学研究工作中去。戴维已经把自己的决定告诉了皇家学会会长兼皇家学院院长约瑟夫·班克斯爵士。这个决定是不可改变的，虽然戴维还没有正式向公众宣布，可是消息不胫而走，听众已经知道，戴维教授首次以爵士身份在这个大厅里所作的演讲，将是他向广大听众的告别演说。

对于戴维的离去，大家依依不舍，大演讲厅里充满了惜别之情。这是很自然的，有的人十年来场场必到，戴维的演讲从来没有漏听过一次。听戴维演讲，已经成为他们生活中一项最有意义的事情。但是现在，他将告别演讲台，光芒四射的汉弗莱·戴维爵士，那么年轻，那么幸福……

戴维自己也有点激动,他不时地看着过道上面正对着他的那座大钟,还有时间,他应该再讲几句。但是讲什么好呢?他一向主张科学应该为物质生产服务,那就谈谈科学、文艺的进步和国家经济的关系吧……

大厅里也许只有一个人,既没有觉察出听众的不舍之情,也没有注意到戴维的激动,他就是20岁的学徒工迈克尔·法拉第。那天晚上,他和戴维的视线或许相遇过几次,但是又匆匆地分开了。戴维看着法拉第下面的那座钟,法拉第看着马蹄形大讲桌上的仪器,他写着、画着、写着、画着……

第四节 宝贵的时间

法拉第每次听完戴维教授的演讲,就信心倍增,他暗暗地下定决心,要像戴维教授那样从事科学研究。

可眼下的境况实在使法拉第无法像戴维那样行事。他回到了布兰福德街2号,小阁楼里依旧是铜尺、胶水、裁纸刀、纸面、布面、小牛皮面……这些曾经与他朝夕相处的伙伴们今天再也引不起他的兴趣了。听完戴维教授的演讲,仿佛在美丽、圣洁、庄严的科学殿堂里遨游一般,他心里极其舒畅。

研究科学需要时间,然而现在,他的时间、青春、生命完全花费到书籍装帧里去了。

怎么办?最简单的办法是直接向戴维教授求援。但此时戴维教授已离开伦敦去巴黎了。

天无绝人之路。此刻,法拉第想起了皇家学会会长兼学院院长约瑟夫·班克斯爵士。他拿起笔开始给约瑟夫·班克斯爵士写信。在信中,他描述了自己的经历和爱好,表达了自己的理想和希望,并恳切地向约瑟夫·班克斯爵士请求,希望他能帮助自己到皇家学院工作,不管干什么都行。

法拉第把信揣在怀里,再一次来到了艾伯马尔街21号。大门依然紧闭着,但旁边有一个侧门,有人告诉他,班克斯爵士就在那里面。正在法拉第准备举手敲门的时候,他又犹豫了,他感到这样做太冒失了。

此刻,千头万绪涌上心头。他想起了自己这些年来的努力和艰辛,想起了妈妈和罗伯特对他的帮助,想起了里波先生对自己的关照。但他想得更多的是,自己这些年来通过点点滴滴的学习积累,在黑暗中摸索前进,现在,前面应该是光明了。可遗憾的是,他的父亲在两年前去世了,这无疑是对法拉第最沉重的打击,但这没有动摇他追求科学的信心和勇气。

想到这里,法拉第终于鼓足了勇气去敲班克斯爵士的大门。门开了，出来一位年老的仆人，他用势利的目光打量了一番衣着寒酸的法拉第："年轻人，有何贵干？"法拉第郑重地把早已准备好的信交给了老仆人。老仆人又打量了一番年轻人，把门关上了。

接下来的日子里，法拉第在里波先生书铺的店堂里心神不安地等待着，只要外面过来一个人，他都会猜测："可能是来送班克斯院长的回信的吧！"可是，每次都让他失望。

又过了一段时间，法拉第再也等不及了。他心想：是不是班克斯院长没有回信的习惯，信得自己去取？法拉第再一次来到艾伯马尔街。不过，这次仆人没有出来，只是把门开了一条小缝，说："约瑟夫·班克斯院长说，你的信不用回了。"说完把门又关上了。

"皇家学院的大门真的不会再为我敞开了吗？"法拉第不服气地反问自己，"难道我一辈子注定要做订书匠吗？"一向不屈从命运的法拉第决定做一个与自己命运抗争的人，不过，这种抗争需要时间。眼下法拉第希望得到的是时间，比金子还要宝贵的时间。他相信，有了时间，自己一定能够主宰自己的命运。

第五节　精美的演讲录

按照与里波先生签订的合同，到1812年10月，迈克尔·法拉第就学徒期满了，现在他已成为名副其实的师傅了。在那个时候，师傅的待遇是不一样的，他可以回家工作，还可以到别人家或应聘到别的店里去干活。法拉第进了法国人德拉罗舍先生的书籍装订铺。

戴维教授来到巴黎，是和新婚燕尔的妻子度蜜月，同时继续做实验。眼下他做的是一种新实验，一种由他首先发现的氮和氯的化合物的实验，这是一种容易爆炸的液体。戴维教授做这个实验，既有成功的喜悦，也有发生爆炸的失败教训。现在，戴维教授又回到了皇家学院。

法拉第得知这个消息已经是12月份了。他赶紧给戴维教授写了一封信，同时还把自己整理、装订的戴维演讲记录一起送到了皇家学院。

戴维教授收到这封信的时候，已经是圣诞节前夕了。当时他的眼睛因实验爆炸而受的伤还没有好，看东西还很吃力。记得那天早晨皇家学院的仆役给他送书信的时候，他一下子就看到了一本装订得十分精美的四开本的大书，书脊上印着几个烫金的大字：汉弗莱·戴维爵士演讲录。戴维觉得奇怪，自己从来没有出版过什么演讲录，哪里来的这么一本书？

戴维情不自禁地翻看法拉第整理的演讲稿，顿时，他兴奋极了。自己的四次演讲加在一起才四个多小时，迈克尔·法拉第却整理了380多页。讲过的内容，他全记下了，没有讲到的内容，他全补充上了。娟秀的字迹、精美的插图，严肃认真，一丝不苟，这中间融会了多少爱戴、敬仰和信任！戴维心想，这本著作的作者不应该是自己，而应该是迈克尔·法拉第。这位法拉第是谁呢？这里有一封信。戴维的眼睛还在隐隐作痛，本来医生禁止他看书读报，但他还是把这封信从头至尾一口气看完了。

此时，戴维十分感动，因为这封信勾起了他对往事的回忆。十几年前，自己不也是像眼下的法拉第一样吗？出身低微，贫穷，没有受过正规的教育，命运安排他当了三年学徒。想到这里，戴维仿佛看到了自己的过去、自己的影子。也许是戴维自怜吧，戴维对法拉第产生了怜悯之心。

戴维从法拉第赠给自己的《汉弗莱·戴维爵士演讲录》——这份最珍贵的礼物中，看到了法拉第的不懈追求和认真刻苦。他从迈克尔·法拉第记录、整理、誊抄、装订的技术中看到了他那严谨、细致的工作作风。戴维十分清楚，迈克尔·法拉第这种良好的习惯和作风一定会在未来的科学研究中发挥意想不到的作用。

第六节　实现愿望

就在当天晚上,皇家学院的戴维爵士给法拉第写了一封回信。

先生:

非常高兴看到您送来的演讲稿,它展示了您巨大的热情、记忆力和专心致志的精神。最近我不得不离开伦敦,到 1 月底才能回来,到那时我将在您方便的时候见您。

我很乐意为您效劳。我希望这是我力所能及的事。

先生,我是您顺从、谦恭的仆人。

汉弗莱·戴维

1812 年 12 月 24 日

戴维发表过许多科学论文,也写过不少诗篇,然而这封朴素而简短的信也许是他一生中最伟大的作品,因为它展示了戴维复杂的性格中最好的东西。如果这件"最伟大的作品"在当天晚上送到法拉第手里,这对他会是一件多么美妙的圣诞礼物啊!

1813年1月末的一天,对迈克尔·法拉第来说是终生难以忘怀的日子,他和戴维教授终于要相见了,地点在皇家学院大演讲厅的前厅。

此时法拉第的心狂跳不止,他焦急而不安地等待着。门开了,法拉第无限敬仰的戴维教授迈着轻快的步子走进来了,他一眼就认出了法拉第。

法拉第挪着犹豫的脚步来在戴维身旁,和一位伟大的学者肩并肩地坐在一起,使法拉第非常激动,可是这位学者是如此和蔼,这消除了他的忐忑不安。

"法拉第先生,您整理的笔记给我留下了深刻的印象。"戴维说,"很显然,我讲的您全都听懂了。您是从哪里学到这么多化学知识的?"

"我在书铺里做装订工作,"法拉第腼腆地说,"自己看了一些书。我还听过塔特姆先生的演讲。另外,我还自己弄了一个小实验室,我能够做到的,都亲自动手做了一遍。"

戴维认真地听法拉第的自我介绍,频频点头称道。

"法拉第先生,我能帮您什么忙呢?这样吧,将来我的书都交给您装订,皇家学会、皇家学院的书也尽量交给您装订。"

法拉第直截了当地回答:"戴维教授,别看我是订书匠出身，不过我对装订书籍已经不感兴趣了，我最大的愿望是争取到皇家学院来工作，不管干什么工作都可以。"说完，法拉第的脸红了起来。

"年轻人，你也许弄错了，牛顿说过，科学是个很厉害的女主人，对于为她献身的人，只给予很少的回报，她不仅吝啬，有时还很凶狠呢！你看，我为她效劳十几年，她给我的就是这样的奖赏。"戴维将自己手上、脸上的伤痕指给法拉第看。

"这个我不怕。"法拉第说，"我的愿望是争取早一天到皇家学院来工作。"

戴维被法拉第坚韧不屈的性格感动了，他非常敬佩法拉第追求真理、献身科学的高尚品质。

然而遗憾的是，皇家学院暂时没有职位，法拉第只能耐心等待机会了。

不久以后，法拉第接到戴维的通知，让他到皇家学院来帮几天忙，帮戴维整理手稿。

又过了两个星期，戴维的助手佩恩和为皇家学院制造玻璃仪器的师傅发生口角，把那个师傅打得鼻青眼肿。戴维当场就把这个脾气暴躁的助手解雇了。

几天以后的一个夜晚，法拉第正准备睡觉，忽然听到楼下有人大声敲门。他把头伸出窗外，看到戴维爵士的马车停在狭窄的韦默思街上。法拉第也不顾自己衣服已经脱了一半，他抓起放在椅子上的上衣披在身上，就奔下楼去。车夫递给他一封信，是戴维写给他的，通知他明天到皇家学院去。信中说，如果他的愿望没有改变的话，他将担任实验室助手的职务，周薪25先令，外加皇家学院顶楼上的两间住房。

　　法拉第向德拉罗舍先生辞别，虽然这位东家平时总骂法拉第，这时候却依依不舍起来。他没有发脾气，也没有骂法拉第忘恩负义，只是苦口婆心地说，自己没儿没女，将来这家店铺可以传给法拉第，只要他能留下来，等等。学徒出身的人克勤克俭，发家致富，最后当上老板，这在一般人的心目中是最好的归宿了。可是法拉第对于这样的"锦绣前程"不屑一顾。这时，即使让法拉第登上国王的宝座，他也会拒绝的。因为科学圣殿的大门向他打开了，他将献身于科学，这对他来说是最大的幸福。

第三章

游 历 欧 洲

　　法拉第得到了一次随戴维去欧洲学习交流的机会。在此期间,法拉第参与了碘元素的测定;和戴维试图用电鳗做实验;见证了金刚石就是纯碳;在维苏威火山口独自一人去拾取火山岩石标本,观看火山在夜间喷发的夜景;同自己敬仰的电学家伏打相见。然而此次旅行,法拉第不仅是戴维的助手,还是他的听差,这使他非常苦恼。

第一节 到达巴黎

法拉第的愿望终于实现了,他进入皇家学院实验室,给戴维爵士当实验室助理。他是戴维的实验助手,也是他的秘书。由于法拉第办事效率高,又勤快,他很快就赢得了大家的好感。

几个月以后,法拉第得到一次非常难得的学习机会。

这一年秋天,戴维爵士要去欧洲大陆进行学术考察,主要目的是同欧洲各国的著名学者进行学术交流,并做些短期的研究工作。这次出国,他带着夫人同行。为了帮助操作实验和整理科学记录,戴维还需要一个能干的助手,他选中了法拉第。这对初出茅庐的助理实验员来说意义重大。法拉第非常高兴地接受了戴维的邀请。

按照计划,除了戴维夫妇、法拉第,同行的还有一个男仆和一个女仆,可是到了出发的前一刻,那个男仆突然去不了了。戴维爵士征询法拉第的意见,问他是否能委屈一下,暂时兼任男仆,一到巴黎就另雇人。

法拉第的自尊心很强,他宁愿干最脏、最累的工作,也不愿给人当仆人。但是碍于戴维的情面,再加上当时要另外找人确实也很难,法拉第就同意了。

1813年10月，正是秋高气爽的日子。戴维一行四人起程离开伦敦。10月29日，他们到达了巴黎，受到法国科学界的热烈欢迎。

戴维爵士在巴黎逗留了两个月，他一面讲学，一面跟法国同行合作进行学术研究。法拉第协助戴维做实验，直接参与了许多学术活动。闲暇时，他们游览了巴黎市，参观了美术馆、罗浮宫，还逛了市场。

在巴黎期间，年轻的法拉第认识了不少法国著名的科学家，其中有两位对他十分友好，那就是电学大师安培和化学家盖·吕萨克。安培是巴黎工业大学教授、法国著名的物理学家，38岁的他对哲学、化学均有研究，尤其对电学有很深的造诣。盖-吕萨克与戴维爵士同岁，是一位出身书香门第的学者、法国科学院院士，1808年发现了硼元素，在学术界名气也很大。他还做过一次疯狂的实验，就是他曾经冒着生命危险，乘坐拿破仑出征埃及时留下的气球，升到7000米高空测量磁力。在同法国科学家的交往中，多数学者对戴维带来的助手并没有注意，只有安培和盖·吕萨克看出这个青年人的价值不在他的老师之下，于是热心地给予指点。法拉第得到机会亲自观摩这些大师的实验，学习他们的科学方法，并且了解到科学发展的最新水平，这使他大开眼界。这种收获的价值实在是不可估量的。

第二节　法拉第的收获

一天清晨，安培教授前来拜访戴维，同来的还有两位法国化学家，一位是库尔图瓦，另一位就是盖－吕萨克。他们给戴维带来一种亮晶晶的紫黑色晶体。

"这东西挺神奇的！一加热会冒出一种可爱的紫色云雾，像氯气一样刺鼻，但又不像是氯气。"安培对戴维说。

"哦，是吗？"戴维对此表现出极大的兴趣，"这东西是用什么提炼出来的？"

"海藻。"库尔图瓦说。

法国沿海的浅水中盛产海藻，海水退潮时，常有海藻留在海滩上。科学家把这些海藻烧成灰烬，再用水提净，得到棕红色的母液，再从母液中分离提取化学物质。两年前，库尔图瓦便从中提炼出这种紫黑色的晶体。盖－吕萨克和库尔图瓦对这种神秘的物质进行了反复研究，但一直弄不清它的成分究竟是什么。

"不知戴维爵士有何高见？"盖－吕萨克向来自英国的同行请教，他的语气带着一点激将的味道，又像是向这位极负盛名的科学家挑战。

"能否把晶体留下，让我试试？"戴维问。

"当然可以。"厚道的安培教授一口答应。

戴维随车带着一个流动实验室，在法拉第的协助下，他立即动手对这种物质进行系统的分析。这位英国的科学精英有多次发现新元素的经验，他猜测，这种从海藻灰中提炼出来的晶体很可能是一种新元素单质，因为普通的草灰里是不含结晶物质的。

戴维使用电解的方法，只用了一周时间就测定出安培送来的晶体是一种新元素单质。戴维把这种元素命名为"碘"——希腊文中"紫色"的意思。问题解决得这样快，使法国化学界惊叹不已。

法拉第亲自参与了这一伟大的科学发现，他的兴奋和激动无以言表。虽然法拉第只是一个配角，但这一成果里包含着他的一份努力呀！他由衷地为戴维感到自豪，并且第一次体会到了在司空见惯的现象里，可能隐藏着尚未发现的科学真理。

有意思的是，法国学者首先发现了新元素，自己却不识"宝"，最后让一位"串门"的贵宾揭开了面纱，得了头彩。

戴维迅速将自己的实验结果写信告诉了法国科学家居维叶。戴维实验成功的时间是 1813 年 12 月 21 日。巴黎科学院宣读了这封信，"戴维爵士发现了新元素碘"的消息被迅速散布。

富有戏剧性的是，几乎在同时，盖－吕萨克也分离出碘。他在马拉松长跑的最后一刻，与戴维同时碰到终点线，而戴维只冲刺了几米，却拿走了冠军的奖杯。法国同行的心态难以平衡，有人责怪安培教授不该把碘的样品交给戴维，对此安培只报以无言的一笑，他从心底钦佩戴维英才过人，并且断定跟随戴维的年轻助手，那个沉默却能干的小伙子法拉第，是一匹千里马。

十多天后，戴维一行乘着马车离开巴黎，开始了他们的意大利之旅。

1814年2月下旬，他们顺利到达意大利。

第三节 意大利的实验

在旅途中，只要有机会，戴维都会停下来做实验，大马车是他的流动实验室，法拉第是他的随行助手，所以戴维随时随地都可以进行实验，甚至在崎岖的山路上，他和法拉第都会跳下马车，收集路边池塘冒出的沼气，进行化学分析。

到达意大利不久，在热那亚港，戴维和法拉第弄到几条从海湾里捕捉来的电鳗。这种鱼的体形呈长筒形，无鳞，体侧生有两对发电器，据说能发出强电流，可麻痹鱼、蟹，甚至可以击昏渡河的牛、马等。戴维怀着极大的兴趣，立即同法拉第一起动手进行实验,他想弄清楚电鳗放出的动物电是否与伏打电池产生的电一样。

他们用一根导线与金属片相连,再把金属片绑在一条较大的电鳗体侧,然后把导线放在另一个盛水的容器里。如果电鳗产生的电能将水电解成氧和氢,就能证明它和伏打电池产生的电是一样的。十年前法拉第从玛西特夫人的《化学对话》中就知道了伏打电池能电解水,如今要亲自探测电鳗是否也具有这种"神力",他觉得很新奇。

一切准备就绪后,戴维和法拉第开始用木棍戳电鳗,后来改成用针刺,想激怒电鳗以促使它放出电冲击,但这些方法都没有奏效。他们又试验了几次,仍然什么反应也没有。

他们想:也许是实验用的电鳗小了些,电流过于微弱测不到,如果能弄到一条再大一点的电鳗,结果恐怕就不同了。于是,戴维爵士和法拉第挽起裤脚,一起到海湾去抓电鳗。据说最大的电鳗有3米长,他们始终没有遇到。有一次戴维幸运地捉到一条电鲶,扁扁的头,体长不过60厘米。他刚抓到手上,就大叫一声,把电鲶扔了。显然,电鲶使他触电了。法拉第和戴维一同哈哈大笑。

3月,他们一行人来到世界名城佛罗伦萨,法拉第跟随戴维访问了当地的科学院。这座意大利的最高科学机构是伽利略创立的。他们参观了伽利略亲手制作的望远镜。这是一个简陋的镜管,两头装着手工磨制的透镜。当年伽利略用这个望远镜遥望星空，第一次发现宇宙竟是如此奇妙和壮观！法拉第目睹这架古色古香的仪器，敬仰之情油然而生。可惜当时不是在晚上，否则他真想躬下身来，透过这个镜管去窥探一下神秘而又璀璨的星空。

在科学院里，他们还参观了托斯卡纳大公用过的凸透镜。这块凸透镜很大，直径像一张小圆桌，还配有一块碗大的小透镜，使阳光能精确地聚焦在某一点上。焦点上的温度很高，能把东西点燃。

戴维注视着这块硕大的凸透镜，忽然有一个想法，他问陪同的主人："能允许我用这块透镜做一下实验吗？"

"当然可以，爵士。"名震欧洲的戴维爵士提出请求，主人欣然应允，"但不知是什么实验？"

"这里有金刚石吗？"戴维问。

"有。"主人答道。

"很好！我还需要一个玻璃球。其余的东西，迈克尔·法拉第先生会替我准备的。"

不一会儿，管理员把玻璃球送来了，还送来一小粒金刚石。戴维在法拉第的协助下开始进行实验。他们把金刚石置于玻璃球内，然后把球内的空气抽掉，充进氧气。

"等会儿我会将金刚石点燃！"戴维向主人解释道，"普通空气也行，不过在纯氧中，金刚石更容易燃烧。"

戴维叫法拉第调节采光镜，使太阳光直接照射到凸透镜上，阳光经过折射，再投射到小透镜上，最后聚焦在一点上。戴维试着先把一块木头点燃，证明聚焦很好，然后他们小心翼翼地放好玻璃球，使球里的金刚石正好对准阳光的聚焦点。

两人屏息凝神地注视着，金刚石渐渐发出灼热的紫色光焰。

"燃了！燃起来了！"法拉第喊道。

"真的点燃了！"戴维脸上露出微笑，接着朝法拉第做了一个手势，"快点，帮我把玻璃球移开。"

法拉第拿开玻璃球，里面的金刚石还在燃烧。

"您能肯定，里面的金刚石是在燃烧吗？"旁观的管理员很惊奇地问。

"如果有间黑屋子，就能看得更清楚了。"戴维说。

管理员将他们带进隔壁一间小屋里，垂下窗帷。他们全看清了，那粒金刚石还在发出灼热的火焰，一直燃烧了大约4分钟。

"我的天，金刚石真的在燃烧！"管理员这下信了。

他们接连做了三次同样的实验，直到这粒金刚石全部烧光，化为乌有。戴维又对玻璃球内的残留气体进行了分析，发现是二氧化碳。这就证明，金刚石是纯碳！

戴维把实验结果写成论文，寄回英国皇家学会。法拉第也为老师取得的成绩感到高兴，只有戴维夫人对实验结果不以为然，这位贵妇人听说他们把一颗金刚石烧成灰烬，连呼可惜。

"简直是一对疯子！"她悻悻地说，"这准是法拉第的馊主意。"

第四节 探险的乐趣

科学研究和探险大有异曲同工之妙。一个科学家如果没有探险精神，很难相信他在科学研究的道路上会大有作为。

1814年5月，戴维和法拉第一行人在完成了对意大利历史名城罗马的参观游览后，来到了欧洲大陆唯一的活火山，位于那不勒斯市的维苏威火山口进行考察。

这是法拉第生平第一次见到火山，这个从小就充满好奇心的青年人今天决定看个究竟。只见火山口热气升腾，烟雾缭绕。戴维脚下踩着过去滚滚熔岩凝固成的火山石，和法拉第侃侃而谈。戴维教授兴趣广泛，见多识广，他对火山成因的独特理论像一把开启科学大门的钥匙，正在打开法拉第思想的大门。

戴维感到累了，他决定先静下心来休息一会儿。此时，法拉第兴致正浓，他从戴维教授的奇特理论、从自己亲眼所见的火山口的雄奇景色中，仿佛悟出了什么道理。

法拉第掏出日记本，迅速地记下了今天所观察到的一切，接着独自一人前往火山口去寻找火山岩石标本。

说时迟，那时快，突然，风向转了，先是西北风，忽地转成了东南风。刹那间，滚滚的烟雾席卷着火热的熔岩和石块向法拉第扑来。要不是他反应灵敏，迅速躲开的话，险些发生不幸。过了很长时间，法拉第才走到戴维的身边。此时的法拉第已经完全变了个模样，浑身上下沾满了火山灰，脸黑黑的，全身除了他那双机灵睿智的眼睛还亮如星辰外，活像一个石灰人。戴维差点认不出自己的助手了。

看着如此模样的法拉第，戴维没有埋怨，相反却称赞起自己的助手。他问道："迈克尔，今天你有什么感想？"

法拉第毫不犹豫地回答道："今天是我最快乐的一天，探险的乐趣就在于它有危险。"

戴维听后会意地笑了，要知道，一向严谨认真的戴维教授对法拉第是很少露出笑脸的。法拉第明白，戴维对他露出灿烂的笑容，是对自己做他的科学研究助手工作的一种肯定。

迈克尔·法拉第是一个不达目的誓不罢休的年轻人。那天因为突然刮大风，使他到火山口拾取火山石的愿望落了空。今天又是一个星期天的下午，法拉第再一次登上了维苏威火山，这次他是来观赏火山口雄奇的夜景的。他仍然和上次一样，借着火山喷出的亮光，迅速地记下了火山在夜间喷发的夜景：火山口像一条蓄势而发的巨龙，桀骜不驯，蕴藏在肚子里的能量化作一股巨大的火柱向天空喷去……

这个夜晚，法拉第感到惬意极了。他在山坡上野餐，他充分利用刚刚喷发出来的火山石烤仔鸡、煮鸡蛋……此刻，他仿佛找到了作为一名科学家的感觉，这种感觉就是猎奇，不循规蹈矩。有了这种感觉，或许就能为自己向科学进军奠定基础。

第五节 会见伏打

意大利之旅对法拉第来说，最愉快、最具有意义的一刻就是同伏打相见。

1786年，一位名叫伽伐尼的意大利解剖学家在做实验时，把一只解剖了的青蛙倒挂在铁栏的黄铜钩上，他偶然间发现青蛙的两条腿颤抖了一下。这一发现被后世称为"伽伐尼效应"。虽然伽伐尼本人未能正确解释蛙腿颤抖的原因，但他的发现却引起了意大利另一位科学家的注意，那便是当时41岁的电学家伏打。伏打经过深入研究，揭开了蛙腿颤抖的原因：两种不同的金属与水（伽伐尼实验中的铁栏、黄铜钩和蛙腿潮湿的肌肉）相互接触可产生一种电流，这种电流刺激了蛙腿的神经，从而引起了蛙腿的颤抖。

根据这一原理，伏打在 1800 年发明了世界上第一种化学电池，即著名的"伏打电堆"。他把若干银圆片、锌圆片和用电解液浸湿的硬纸圆片依次叠加在一起，组成一个电堆，由于两种不同金属和纸片中的电解液发生化学作用，所以产生了连续的电流。这是人类历史上第一次获得连续的电流！伏打电堆的出现促使了科学上的许多重大发现，戴维教授做的那些轰动世界的电解实验（他利用这些实验发现了钾、钠、钡、锶等新元素），使用的便是伏打电堆。可以说戴维是伏打事业的继承者。

法拉第还在少年时就从《化学对话》中知道了伏打的名字，他对伏打景仰已久。在法拉第的心目中，伏打是一个传奇式的人物，他不仅是一个智者、电学先驱，还是一位令人尊敬的伯爵，如今能与这位大电学家见面，法拉第感到非常幸运。

见面那一天，伏打佩着红色的绶带，面带微笑，情绪高涨，他盛情迎接戴维和法拉第来访。

戴维向伏打介绍了自己的研究工作，伏打听得十分专注。这位电学大师已年近古稀，面孔清癯，目光里充满了睿智。

在参观伏打实验室时，法拉第饶有兴趣地大胆问道："伯爵先生，能否研究出一种电流经久不停的电源呢？"

伏打惊奇地打量了法拉第一眼，眼里露出笑意，对他说了一句："后生可畏！记住吧，世界上没有不可能的事。"

这句话后来一直激励着法拉第，使他在攀登科学高峰的征途上勇往直前。

第六节　法拉第的苦恼

迈克尔·法拉第跟随着老师戴维教授一边访问一边做实验，充满了欢乐。在崎岖的山路上，马车因载重太多走不动了，法拉第和戴维一起下来并肩而行。有时，他们顶风冒雪，收集从当地池塘里冒出来的沼气，到了晚上就用实验设备一起分析这种可燃气体的化学成分。

在与戴维教授相处的日子里，法拉第感觉到戴维教授的思想特别活跃，新主意和新计划不断涌现。而这些，戴维教授盼望他的助手法拉第同他一起去实施。

在欧洲有一种惯例，当一个人晋升为爵士以后，他的身份同时就变成了贵族。当戴维的身份由科学家变成贵族后，法拉第的身份也随之改变，不过，法拉第没有变成小贵族，而是成了戴维教授的听差。每当戴维教授闲暇外出垂钓狩猎时，法拉第不得不背上钓鱼竿、猎枪跟在戴维的身后，像仆人跟在主人后面一样。

戴维爵士在离开伦敦之前已与法拉第商量好了，只是临时让法拉第打打杂，到巴黎以后他会再找一个听差。谁知,当他们来到巴黎时,连一个英国人的影子都没看到。尽管愿为戴维当听差的法国人很多,可由于他们不会讲英语,所以戴维教授一个也没有看中。到后来,戴维教授再也不提找听差的事了,于是,对法拉第来说,临时帮忙变成了长期任务,助手成了名副其实的听差。

戴维没有遵守约定,主要是因为忙,对这种小事情,他常常抛在脑后。虽然戴维认为这是一件小事,但他对于自己的食言从内心感到内疚。因此,他在吩咐法拉第做事的时候总是和蔼可亲,和主人对待仆人说话的态度完全不同。此时的法拉第替戴维教授干活扮演着两个角色,一是戴维科学研究的助手,二是他的听差。给戴维当科学研究的助手,是法拉第盼望已久的;为戴维当听差,法拉第尽管有一种不适应的感觉,但他总是尽力做好,他从心里记住了戴维对自己的帮助,假如不是戴维的推荐和信任,法拉第也许仍然在走街串巷,继续做他的订书匠呢!

尤其让法拉第不能忘记的是,这次他与戴维周游欧洲,他从戴维身上发现了许多闪光的东西。戴维的头脑就像一座取之不尽、用之不竭的知识宝库,他对科学的执着追求及实事求是的态度够法拉第学一辈子了。

戴维夫人是一位娇小的黑头发、黑眼睛的美人儿,由于她出身于豪门贵族之家,从小就有许多佣人侍奉,所以她动不动就想使唤法拉第。

一次,法拉第正忙着做实验,戴维夫人又在发号施令了：

"法拉第，赶快把戴维的大衣拿出去洗洗，爵士今天晚上要出去做客。"

法拉第不想中途停止他的实验，便装作没有听见的样子，一声不应。戴维夫人扯着嗓门喊："法拉第先生，你听见了没有？赶快把戴维爵士的大衣拿到外面去洗一洗。"

法拉第继续装作没有听见的样子，自顾自地做实验。戴维夫人看法拉第一点动静没有，气鼓鼓地来到戴维跟前，状告法拉第目中无人，叫他做事，他竟连回答都不回答。

对法拉第，戴维应该说是最了解的，这个年轻人生来便有一种不屈的性格，不大喜欢别人使唤他。戴维更了解自己的妻子，她觉得使唤法拉第干这干那是理所应当的。此刻，对戴维教授来说真可谓进退两难了。在法拉第与夫人之间，戴维只能充当和事佬的角色，他劝夫人说："那个实验是我安排他去做的，很重要，等会儿去洗大衣也不晚。"

戴维袒护法拉第的做法，更加激起了夫人对法拉第的不满。

戴维夫人看不起法拉第，善于克制自己情绪的法拉第也报以轻蔑的态度。每次戴维夫人强迫法拉第去做这做那，法拉第总是沉默不语。这位盛气凌人的夫人在碰了几次钉子之后，加上丈夫又不给她撑腰，不得已收敛了高傲的态度。但有一点，戴维夫人一直不肯让步——她不准法拉第和她同桌吃饭。一路上，每到开饭的时候，法拉第总是和戴维夫人的侍女、车夫坐在一起。其实法拉第并不介意这件事，他从小就不习惯上流社会那一套虚情假意的繁缛礼节，他倒愿意和与自己地位差不多的人在一起吃饭，他觉得这样更自在一些。

一些仗义执言的人却看不惯这些。一次，法拉第陪戴维教授在日内瓦附近的一个大森林里打猎，戴维爵士走在前头，瑞士化学家、物理学家德拉里弗以为身背猎枪的法拉第是戴维的听差，后来两人用法语攀谈，法拉第对答如流，德拉里弗才知道法拉第的身份，他对法拉第的敬意油然而生。

在与法拉第交谈中，德拉里弗不仅了解到法拉第对各国科学界当前正在研究的问题了如指掌，而且还能提出他的独到见解。

德拉里弗见法拉第的法语说得如此流利，便问他在哪儿学的法语。当法拉第说是在法国旅行时才学的，德拉里弗教授顿时惊讶不已。

"迈克尔·法拉第，你原本是做什么工作的？怎么来给戴维教授当听差？"

法拉第一时不知从哪儿讲起，他停了一会儿，坦诚地把自己的曲折经历告诉了德拉里弗教授。

作为接待戴维爵士的主人，德拉里弗教授为法拉第眼前的处境鸣不平，他不忍心看到法拉第这样有才华的人去做别人的听差，当然更不愿让他遭受和侍女、车夫一样的待遇。

回到家里，德拉里弗教授立即吩咐自己的佣人在晚餐桌上多设置一个座位，在这位教授的眼里，法拉第是科学工作者，进出当然应该和主人及其他宾客同桌吃饭，这是毋庸置疑的。

戴维夫人得知这一消息，在房间里对戴维大发脾气，说她坚决不同法拉第同桌吃饭。如果硬要这样做，她就把自己锁在房间里，不去吃晚饭，以示抗议。戴维看一时说服不了夫人，只好亲自去对主人说明情由。德拉里弗的态度很坚决，说他前两天因为不了解法拉第的身份，因此做了不妥的安排，从今天开始，再不能让他与侍女、车夫一起用餐了。

德拉里弗教授与戴维夫人各执己见，最后双方不得不各让一步：迈克尔·法拉第既不和主人戴维夫妇同桌吃饭，也不与仆人一起吃饭，主人专门为他做一份饭菜，安排佣人送到他住的房间里去。

这件不愉快的事情的发生反倒提高了法拉第的地位，但法拉第在给朋友和家人写信的时候从来不提这件不愉快的事情。法拉第第一个写信的对象就是里波先生，文字间蕴含着他对德拉里弗这位长者由衷的感谢和信赖。

第七节 给母亲的信

戴维带着法拉第在欧洲大陆进行科学考察的那两年，正是拿破仑帝国崩溃的时候。1814年4月拿破仑宣布退位，他被放逐到意大利的厄尔巴岛上。不到一年，拿破仑东山再起，从厄尔巴岛逃回法国。1815年3月7日，法拉第在日记里写着：

> 我听到消息说波拿巴又获得了自由。我不是搞政治的，并不为这件事情多操心。然而在我看来，它将对欧洲的事务产生强烈的影响。

法拉第只要有一块安静的地方，可以搁上一张实验桌，让他安静地做实验就行了，谁当国王、领袖，他是不大关心的。可是这次拿破仑回到法国，对于不问政治的法拉第也产生了影响。当时戴维一行正在那不勒斯，他们回到罗马的时候，战争已经迫在眉睫。拿破仑手下的大将缪拉正向罗马进军，教皇仓促出逃，罗马城里到处都是逃难的人。一个多月以前，戴维爵士还在计划到希腊和土耳其去，现在他突然改变计划，决定结束这次旅行，立刻启程返回英国。戴维爵士的大马车越过阿尔卑斯山，穿过德意志和荷兰，来到比利时。4月16日，法拉第从比利时首都布鲁塞尔给母亲写了一封信：

我最亲爱的母亲：

我从国外给您写最后一封信，不胜愉快。我将在三天内返回英国，希望您听到这个消息的时候和我一样愉快。啊，不，希望在您读到这封信以前，我已经踏上了英国的国土。

这是我给您写过的最短的，但对我来说却是最亲切的信。

迈克尔·法拉第

几天以后，法拉第回到了他亲爱的祖国，回到了他亲爱的母亲的身边。

第四章

爱 情 降 临

　　回到皇家学院,法拉第更加专注与忙碌,他在皇家学院所起的作用越来越大。正当法拉第觉得爱情是奢侈品的时候,他爱上了一个名叫萨拉的姑娘,法拉第展开了追求,最终娶萨拉为妻。

第一节　发 表 论 文

迈克尔·法拉第回到了思念已久的皇家学院,别提有多高兴。眼下,直接领导他的是戴维教授化学讲座的接班人、英国著名的化学家布兰德教授。法拉第是布兰德教授实验室的助手兼矿物标本管理员及仪器设备总管,他的薪水也从每周的 25 先令增加到 30 先令,几个月后又增加到每年 100 镑(按当时的英国币制,每镑合 20 先令,每先令合 12 便士,年薪 100 镑相当于周薪 38 先令。一般职位比较低的职工薪水按周计算,职位比较高的按年计算)。法拉第在这里既是实验助手又是独立的研究人员。从洗瓶子、吹玻璃管到独立完成研究任务并写出研究报告,只要是和科学研究有关的事情,他都要去做。

实践造就了迈克尔·法拉第。1816 年,风华正茂的法拉第刚满 25 岁,他便在布兰德教授主编的《科学季刊》上发表了第一篇科学论文。其实这是一篇简短的实验报告,报告的内容是分析戴维教授在欧洲旅行时带回来的一种石灰石所含的成分。

编完这篇实验报告,布兰德不禁喜出望外,他发现这个没有受过正规教育的年轻人，不仅做起实验来得心应手，写起论文来也有模有样，于是他就让法拉第做一些《科学季刊》的编辑工作。

在与法拉第相处的日子里，布兰德担心给法拉第的工作多了会给他造成很大的心理压力和负担，没想到，这个小伙子是工作越多，干劲越大，兴致越高，他从早到晚都待在实验室里，经常为做一个实验通宵达旦。

一分耕耘，一分收获。1817年，法拉第发表了6篇科学论文，1818年发表了11篇。这些研究工作大都是应戴维教授、布兰德教授及皇家学院的其他科学家要求做的，内容侧重于化学分析方面，所以并没有引起多少人的注意，然而其中涉及的研究内容极其广泛：这里有关于安息香酸性质的研究，也有棕榈酸成分的分析。这些研究报告的发表对于法拉第成长为一位科学家来说，无疑是一个坚实的基础和良好的开端。

一个人的精力总是有限的，法拉第为了在皇家学院学到更多更有用的知识，他把有限的精力全部投入到做科学实验和收集整理资料的工作中去了，就连晚上，他的工作都排得满满的。他有一张工作生活作息时间表被广泛传颂，这张时间表上有这样一些内容：星期一、四学习；星期三参加市哲学会的活动；星期六回家看望家人；星期二、五处理私事。其实迈克尔·法拉第的私事，常常就是他的科学工作，比如撰写论文、编辑文稿、校对文件。

第二节 戴维的称赞

　　法拉第无疑是戴维的得力助手，戴维越来越需要他的帮助。1812年，盖茨黑德郡的费岭煤矿发生井下瓦斯爆炸，死了92个矿工，这件悲惨的事故震惊了英国，英国政府专门设立了一个委员会来研究矿井的防爆措施。委员会邀请戴维参与这项工作，但是当时他正在国外。1815年，他从国外回来，立即投身到这项研究中去。仅仅花了3个月时间，他就发现，为了防止矿灯的火焰引起瓦斯气体爆炸，只要在火焰外面罩一层铜纱网罩就可以了。由于铜纱罩的散热作用，火焰穿不出去，所以瓦斯就不会爆炸。戴维根据这个原理发明了一种安全灯，安全灯的发明不仅拯救了无数矿工的生命，而且促进了英国采煤业的大发展，因此有人把戴维发明安全灯和威灵顿公爵在滑铁卢大败拿破仑并列为1815年英国的两大胜利。1818年，戴维在讨论安全灯的论文集里写道：

　　我本人感谢迈克尔·法拉第先生，在我的实验中，他为我提供了许多有力的帮助。

当时，科学家的实验助手的地位很低，和科学家是不能相提并论的，戴维爵士愿意这样向法拉第公开致谢，是很慷慨、很高尚的行为。就在这一年，戴维再次出访欧洲大陆，这次是应邀去解决又一个技术上的难题。在赫尔库拉尼恩发掘古迹的时候，发现了许多卷古书，由于年代久远，这些用纸草编织的古卷黏成一团，无法翻开，能不能用化学办法展开这些古卷，让珍贵的历史文物重见天日呢？戴维接受了挑战，但是这次幸运之神没有再眷顾他，他尝试了各种各样的办法，全都失败了。1819 年，戴维写信给法拉第，邀请法拉第到罗马，帮助他攻克这个技术难关。经过书信往返，讨论、商量，最后法拉第婉言谢绝了戴维的邀请。

当时，在法拉第的心目中，戴维依旧是他敬仰、钦佩的对象，他搜集戴维的每一页手稿和实验记录，把戴维那些随手涂写的纸片当作宝贝珍藏起来。他还用自己工整秀丽的小字把戴维的手迹誊抄清楚，装订成两大册保存起来。本来，戴维召唤法拉第就像磁石吸引铁钉那样灵验，可是法拉第一想起几年前欧洲之旅的情景，心里就凉了。一切的不愉快都是那位娇小的爵士夫人引起的，而现在她正在罗马，陪伴在爵士身边。不，绝不能再到那里去受屈辱了！

法拉第谢绝戴维的一番好意，还有一个原因，那就是法拉第在皇家学院所起的作用越来越大，他越来越忙，简直难以脱身。自从他来到皇家学院，实验室里就变了样——玻璃器皿被他擦得锃亮，仪器被他安放得井井有条，窗明几净，焕然一新。这个年轻人外表温和，内心火热。他心里只有工作，只有科学，皇家学院的院长和理事们当然不愿意让他离开，哪怕只是一段时间。

第三节　爱上萨拉

年轻人需要爱情，就像鲜花需要阳光。

然而，法拉第需要爱情吗？似乎不需要。这奇怪吗？一点儿也不奇怪。爱情是很"昂贵"的，为了得到爱情，需要花费大量的时间。法拉第太穷了，也太吝啬了，他只肯把时间花费在科学研究上，面对爱情，他出不起那样的高价。

那么，他想到过爱情吗？当然想到过。法拉第有一本笔记，上面有莎士比亚的警句和约翰逊博士的格言，有化学的问题和电学的质疑，当然也少不了他自己写下的一些诗句、感想和随笔——那是他智慧的火花、灵感的闪光：

是什么传染病，

是什么晦气星,

给人带来了妻?

——那是爱情。

什么力量能摧毁人的坚强意志?

什么东西能欺瞒人的善意良知?

什么东西乔装打扮悄悄来,

转瞬间把聪明人变成糊涂虫?

——那是爱情。

什么力量能把朋友变成敌人?

什么东西只应允不兑现?

连最聪慧的头脑也测不出它的深浅,

它来到世上只为了叫人屈从?

——那是爱情。

什么东西指导疯子的狂热行动,

连笨蛋也会学他的榜样?

什么东西聪明人避讳恐惧,

可是到头来它仍旧在世上驰骋?

——那是爱情。

法拉第数出了爱情的几十条罪状,最后,他郑重宣布:

爱情啊,这里和你无缘;

再见,再见,愿你飞向远方,一路平安。

看来，法拉第已经下定决心独身一生了。这个年轻人为了科学战场上的胜利不顾一切，更不要提那对他来说极为奢侈的爱情了。

然而，就在法拉第写下这篇声讨爱情的诗篇之后不久，顽皮的爱神就来捉弄他，乘他不备，将爱情之箭射向他，把他俘虏了。

这位姑娘名叫萨拉，是法拉第的好朋友爱德华的妹妹。姑娘的父亲巴拉德是在英国很有影响力的桑德曼教会的长老之一。法拉第的父亲信仰的也是桑德曼教，以前因为两家人经常在星期天到教堂里做礼拜，所以就都相互认识了，而且成了好朋友，经常来往，很是亲热。

一次，法拉第到教堂做礼拜，恰巧与前来做礼拜的萨拉遇见。

那天萨拉显得格外恬静，她那苗条的身材、光洁的额头、水灵灵的大眼睛，一下子吸引住了法拉第。

萨拉看到法拉第的目光注视着她，羞涩地低下了头，让自己满头美丽的卷发对着法拉第。向来观察细致的法拉第下意识地感觉到了姑娘那秀丽的脸庞已经向他绽开了灿烂的微笑，仿佛这是专门给他看似的。法拉第心中顿时腾起一种异样的感觉，一瞬间他便爱上了萨拉姑娘。春天是播种爱情的最好时节，法拉第被萨拉迷住了。

说来也巧，有一天，法拉第到巴拉德家里做客，突然温柔清丽的萨拉跑上前来,鼓起勇气对法拉第说:"法拉第先生,听说你有一个笔记本,里面写了很多有趣的诗,我可以借来看一看吗?"

法拉第对这突如其来的要求并无思想准备,他只能含含糊糊地搪塞说:"哦,萨拉小姐,那个笔记本里全是胡言乱语,没什么好看的。"

"不,不是胡言乱语,法拉第先生。"萨拉温柔地说,但话语里带有几分嘲讽:"我听说了,你在诗里诅咒爱情,训斥女性,我很感兴趣,想拜读你的大作,明天请你一定把笔记本带来。"

法拉第听完萨拉的话,尽管有几分不快,但他深深地为萨拉姑娘的说话幽默而感到欣慰,这是一种难以用语言来表达的幸福和享受。

第四节 写诗求爱

温柔、羞涩的萨拉提出这样坚决的要求,令法拉第无法拒绝。第二天,他只能硬着头皮把自己的笔记带给萨拉,只是笔记里又增加了一首诗,那是刚写下的:

昨夜你向我索取,索取我写的诗句,

那些诗句是在骄傲的姿态下写成的,是无知自大的产物,
那时我竟敢把麻木和冷漠赞美,
把爱情的力量和甜蜜的欢乐挖苦。

你紧紧地盯住我,索取我写的诗句;
我无法拒绝,虽然把我的诗句献给你,使我感到痛苦——
我悔恨我的过错,厌恶我的谬论,
希望将来我能转变,用行动来改正我的错误。

请记住,这是恻隐之心,也是一条不成文的法律——
人们不强迫罪人用行动去证实他的过失,
人们保护那失足的人,隐瞒住他的罪过,
让那倒霉鬼溜走,让人们忘却他的罪恶。

这是一条高尚的原则,我自然赞成它的实施,
这样你就会从法官变成朋友。
请你不要提出要求,叫我列举过去的错误事实,
请你给我指引方向,把我引上悔改的道路。

萨拉拿着法拉第的笔记,一遍遍地看,似乎每看一遍都会看出一层新的意思。那首声讨爱情的诗固然使萨拉有点气愤,可是今天那首墨迹未干的表示悔过的诗,却使萨拉又惊又喜。"用行动来改正我的错误","把我引上悔改的

道路",这是什么意思?萨拉是个聪慧的姑娘,自然懂得这种隐讳含蓄的文字。这个法拉第先生,真是个书呆子,用这样的诗来求爱,真可笑!但是不管怎么可笑,他的求爱行动已经开始了。

法拉第的爱情虽然姗姗来迟,可是一旦来了,却又强烈而持久。就像所有心地单纯的人那样,法拉第不懂得什么叫犹豫。1820年7月5日,他给萨拉写信:

> 你知道我过去的偏见,也知道我现在的想法——你了解我的弱点、虚荣心和全部思想;你使我从一条错误的路上回头,给我希望,你将设法纠正我的其他错误。请不要收回你的友情,也不要因为我要求比友情更进一步而用绝交来惩罚我。如果你不能给予我更多,那就让我像现在这样继续做你的朋友。可是,请你了解我的心。

如果说,那首请求宽恕、表示悔改的诗还仅仅是一种暗示,那么现在这封信却是直言不讳了。萨拉把信拿给父亲看,她的心"扑通扑通"地跳着,她等待着父亲的回答。巴拉德先生看完信,摘下老花眼镜,盯住脸已涨得通红的女儿。这位老人心里很高兴,可是他却对女儿说:"亲爱的,你那位法拉第先生可是个聪明的哲学家呢!但是哲学家遇上了爱情就会变成糊涂虫。孩子,你能确定吗?他的求爱是认真的,还是一时心血来潮?这样吧,孩子,你和你的姐姐离开伦敦,到拉姆斯盖特去住一阵,让法拉第先生的头脑冷静一下,看他冷静下来以后说些什么,我们再做决定好吗?"

萨拉跟着姐姐雷德太太到拉姆斯盖特去了。法拉第的头脑不但没有冷静下来,反而更热了。他跳上驿车,追到拉姆斯盖特。当天晚上,他就找到萨拉,姑娘又惊又喜:她的欢喜藏在心里,惊讶却表露在脸上了。法拉第将事先准备好的话忘得一干二净,他发起牢骚来,把拉姆斯盖特的道路、旅舍、居民统统数落了一顿。

"法拉第先生,"姑娘委屈地说,"你骂拉姆斯盖特,是不是因为我在这里?你既然讨厌这个地方,为什么还要来呢?"

法拉第急忙解释说,他并非这个意思,刚才发牢骚是因为心里烦躁。拉姆斯盖特再坏上一百倍,一千倍,他也会跟来的。法拉第换了一个话题,谈起了伦敦的工作,谈起了家里的朋友和亲人。对,朋友、亲人、家,这才是萨拉喜欢的话题。

法拉第在拉姆斯盖特停留多月。终于,天空晴朗了。那一天,他带着萨拉到多佛尔海边去玩。他们登上一个叫作"萨士比亚悬崖"的绝壁,站在那里可以隔海眺望灰白色的法国海岸线。两个年轻人站在绝壁顶上,头上是蓝色的天空，脚下是蓝色的大海，海风把他们的头发吹乱了，也把他们的心吹乱了。就在那里，萨拉接受了法拉第的心。

然而，他们还需要等待。法拉第要向皇家学院提出申请，因为他想把家安在皇家学院楼上。在等待答复期间，法拉第继续埋头工作，但是与以前不同的是，偶尔会心绪不安。他写信给萨拉：

我亲爱的萨拉：

身体的状态会对思想产生多么大的影响，说起来令人吃惊。今天一早上我都在想那封将在今晚寄给你的信，那封信非常令人高兴，非常有意思。现在我累极了，却还有无数的事情要做，弄得我头昏脑涨。你的形象在我脑海中不停地出现，我没有能力叫它消失，只有把它赞美。我有千百句亲密的话要对你说——请相信我，那些话都是发自内心深处的——但是我找不到恰当的言辞来表达。然而，当我在这里沉思默想，把你思念的时候，什么氯气、实验、油、戴维、钢，等等，还有水银和其他50种科学上的东西，它们全在我的头脑里乱窜，使我越来越陷入蠢笨的窘境。

爱你的迈克尔

还有一封信，是这样写的：

昨天夜里我匆忙间把钥匙夹在书里了，我急忙把它找出来还掉，生怕人家找不到钥匙会惹出麻烦。如果真的出了麻烦，这倒也许会提醒你，我在这里有多么忙乱，因为我也缺少一把钥匙——通向我心灵的钥匙。然而我知道我的钥匙在哪里，希望不久以后就能在这里得到这把钥匙，到那时候，皇家学院就会一切都井井有条。

第五节　特殊的婚礼

1821年3月21日，戴维爵士写信给法拉第：

我已经对斯宾塞勋爵说了。我认为你的愿望有可能实现，不过在我见到你以前，不要对人讲这件事。

5月，法拉第被任命为皇家学院事务主任，并且在布兰德教授请假离任期间代理实验室主任的职务。根据规定，事务主任可以携带亲属，在皇家学院大楼的楼上占用两间比较大的房间。6月12日，法拉第和萨拉举行了一场极为简单的婚礼。婚礼前法拉第给萨拉的姐姐雷德太太写信说：

> 在举行婚礼这天，将没有忙乱、喧闹和奔走。从外表看，这一天将和其他平常的日子一样，因为我们期待和寻求的是内心的欢乐。

1821年6月12日这一天，法拉第和萨拉确实是很安静地度过的。法拉第没有邀请许多亲友来参加婚礼，因此他还得罪了一些人。早晨，新郎新娘去教堂，静悄悄地举行了婚礼仪式。随后他们去新娘家搬东西。东西刚搬到皇家学院大楼楼上，实验室里就出了一些问题，助手上楼来找法拉第，小声向他报告。法拉第一听马上就下楼，在实验室里忙了一下午。等他想起新娘正枯坐在上面那一堆堆还未来得及摆设的家具中，急忙赶到楼上时，天已经不早了。新娘没有生气，她只是说："唉，迈克尔，你看……"话没有说完，她又温柔地笑了。

新婚那天虽然安安静静地过去了，却让法拉第刻骨铭心，这一天的每个小时、每分钟都是值得纪念的。那一天，两个相爱的年轻人结合了，在今后的日子里，他们要共同营造平淡而又幸福的生活。

婚后，法拉第没有带着萨拉去度蜜月，他还有重要的工作要做。在举行婚礼的那天，戴维爵士写来了一封贺信：

>希望你继续努力，工作顺利，在夏天做出更多成绩。祝你婚后幸福，相信你一定会幸福的。亲爱的法拉第先生，我是你真诚的朋友。
>
>汉弗莱·戴维

法拉第没有辜负他的恩人及老师的期望，整个夏天他都在埋头研究。那是关于电和磁的研究。一年多以前，丹麦物理学家奥斯特发现通电流的导线能使磁针偏转，这是电磁学中的重大突破，各国科学家都在紧张地工作，争取新的突破。法拉第加入了他们的行列。

第五章

电 磁 之 谜

　　法拉第开始致力于电和磁的研究。在奥斯特发现电流对磁针有偏转作用、安培发现电流与电流之间有相互作用之后,法拉第开始收集资料,做了很多实验,最终他发现了通电导线能绕着磁铁转动,并制造出了世界上第一个"马达"。

第一节 奥斯特的发现

说起法拉第对电磁学的研究,需简单地回顾一下电磁学的发展史,还必须提及丹麦科学家奥斯特的发现。在法拉第结婚的前一年,即1820年,奥斯特发现了电流的磁效应,第一次揭示了电和磁的关系。这一发现刷新了电学史,也改变了法拉第的研究方向。

电和磁很像一对孪生兄弟,有许多相似之处。古希腊哲学家泰勒斯曾把电和磁当成一回事,他认为摩擦琥珀吸引草屑,与磁石吸引铁片都是因为"有灵魂"。1600年,一位名叫吉尔伯特的英国御医纠正了泰勒斯的错误,他明确地指出电和磁是两种不同的现象。但是从那以后,许多人又把电和磁当成互不相关的东西。那时,在人们的心目中,磁是磁,电是电,两者没有任何联系。

到了18世纪中叶,德国哲学家康德认为世界上只存在两种基本力,一种是引力,一种是斥力。自然界的其他作用力,如电、磁、热、光和化学亲和力等,都是这两种基本力在不同条件下的转化。康德的这一哲学思想发表在1786年他出版的《形而上学》一书里。在此之前,法国学者库仑在发现电荷间的作用定律的同时,用自制的扭力天平测定了磁力的大小。测定结果显示,磁力作用的公式同电荷作用公式的形式很相似。这个巧合暗含着某种提示,可惜库仑没有意识到。电荷可以分开,正电荷和负电荷能够独立存在;磁极却分不开,一根磁棒不论折成多少段,每一段都是一个具有南北极的新磁棒。库仑因此断言,电和磁两者之间没有关系,也不可能互相转换。

康德阐述的是一种思想,库仑得出的是一个实验结论,因而当时绝大多数科学家觉得后者更可信,他们认为库仑的观点是正确的。

电和磁究竟有没有联系呢?

科学家说:"不可能有。"

哲学家说:"应该会有。"

大自然却为人类提供了一些神秘的暗示。

早在17世纪,人们就发现了一些奇怪的现象。1681年7月,一艘航行在大西洋的商船遭到雷击,结果船上的三个罗盘全部失灵:其中两个消磁了,另一个指针的南北指向颠倒。还有一次,意大利的一家五金商店被闪电击中,事后发现,被击毁的盒子里有的刀叉被烧熔,有的被磁化。这些现象说明,闪电既能使钢失去磁性,又能让钢带上磁性。据说,富兰克林在一次做莱顿瓶放电实验时,也曾意外地发现钢针被磁化了。

怎么解释这些现象呢？

1820年，一位具有哲学头脑的科学家解开了这个秘密，首次发现了电与磁之间的微妙关系。这位先驱者的名字叫奥斯特。

奥斯特1777年8月生于丹麦的路克宾，父亲是一个制药匠，家境贫寒。奥斯特12岁便帮父亲制药，他因此迷上了化学。奥斯特17岁考入哥本哈根大学，攻读理化和药物学，同时对哲学产生了浓厚的兴趣，22岁获得哲学博士学位。大学毕业后，奥斯特曾去柏林旅行，在那里，他结识了不少科学家。1804年，他回到丹麦，在哥本哈根大学任自然哲学教授。

奥斯特信仰康德的自然哲学观，相信自然界的各种力是一体的，光、电、磁、化学亲和力等在一定条件下可以互相转化。他的博士论文题目是《康德哲学思想与自然科学》。在这种哲学思想的指导下，他一直试图寻找电力与磁力之间的联系。这是一次雄心勃勃而又目的明确的探索，但是道路是坎坷的。他做了许多实验，都未能成功。

起初，奥斯特用莱顿瓶做实验，不管莱顿瓶带的电有多强，也没有发现它有磁效应。那么闪电为什么能使小刀磁化呢？奥斯特想，一定是因为莱顿瓶带的电是"静电"，而闪电是"动电"。于是他改用伏打电堆产生的电流做实验，但还是失败了。难能可贵的是，奥斯特的探索目标始终是明确的，尽管走了许多弯路，但他从未有过放弃的念头。

1800年伏打发明电堆时，据说一位青年化学家做过一个半认真半戏谑的预测。这位化学家说：下一个划时代的发现，将在"1819又三分之二年或1820年"实现。有意思的是，恰恰在20年后，他的预言成真了。

1819年到1820年冬季，奥斯特教授给学生讲授电、电流和磁的关系。他的实验很简单，所用器材也很简单：一个由许多伏打电池组成的伏打堆、一根金属导线和一根磁针。

导线沿着南北方向和磁线平行，一头接伏打堆的正极，另一头接伏打堆的负极。奥斯特让助手接通电流。突然，奥斯特大吃一惊，原来磁针在轻轻抖动几下之后发生了偏转，磁针从南北方向转成东西方向，轻轻地晃了两下之后停住了。

此刻，奥斯特盯着那根东西方向的小小磁针激动不已，与其说是高兴，倒不如说是震惊，原因在于按照他的设想，如果电流要对磁针发生影响，那么通电的导线和磁针必须互相垂直。然而恰恰相反，刚才他把导线和磁针改成平行放置，不过是在无数次失败后随便尝试一下，并没有希望会获得成功。奥斯特在一个毫无思想准备的时刻，用一种随意的方式，终于成功了。

功夫不负有心人，经过几个月的努力，奥斯特终于研究出结果了，如果电流周围放着许多磁针，磁针就会受到作用，这种作用的结果必然使它们垂直于电流的方向，整齐地排列起来。

起初奥斯特让电流和磁针互相垂直，磁针已经指向了最终的方向，当然就不动了。他后来将电流和磁针改成互相平行，磁针才转动起来。他发现，电流的作用只存在于通电导线的周围，沿着螺纹方向垂直于导线。电流对磁针的作用可以穿过各种不同的介质，作用的强弱取决于介质，也取决于导线到磁针的距离和电流的强弱……

报告这一实验结果——电流和磁的关系的文章，奥斯特是用拉丁文写成的。1820年7月，这篇报告在哥本哈根付印。随后，奥斯特马上把它寄给了世界各国的科学家。从此，一门新的学科——电磁学诞生了。

第二节　站在巨人的肩膀上

可能是邮路不畅的缘故，戴维爵士没有在第一时间看到奥斯特报告的原文。直到10月1日，他才从英国《哲学年报》上读到这篇报告的译文。当时他兴奋极了。第二天一起床，他就匆匆忙忙赶到皇家学院，把他的助手迈克尔·法拉第叫了起来，一起做实验，验证奥斯特的新发现。

正如报告上所写的那样，电流确实能使磁针偏转，转成和电流保持互相垂直的状态。关于奥斯特的发现，法拉第做过这样的评价：

> 他猛然开启了一个科学领域的大门，那里过去是一片漆黑，如今充满了光明。方向已经指明，眼下全世界的科学家都在向前冲刺，目标是在奥斯特成果的基础上弄清楚电流和磁的关系。

法国科学家走在了这项研究的前端。1820年9月11日，刚从国外归来的法兰西科学院院士阿拉哥在巴黎宣布了奥斯特的实验结果。一个星期以后，安培在这间大厅里演示了自己的最新发现。

安培这次的新发现令人眼前一亮。他把两根导线平行架设，然后通上同一方向的电流，导线变弯了。很显然，它们之间存在着一种吸引力。后来，他又把一根导线的电源反接一下，使两根平行导线中的电流方向相反，结果导线又变弯了，这次是相互排斥，引力变成了斥力。

此刻，只见安培教授把眼镜向上一推，注视着大厅里的同行。在座的同行们也以惊奇的目光看着安培和他的那两根通电导线，这太叫人大开眼界了。

多少年来，在电学和磁学的领域里，人们只知道两种作用力——电荷之间的静电力和磁力。可在短短几个月的时间里，先是奥斯特发现了电流能使磁针偏转，接着安培又发现了电流和电流之间的相互作用。科学发现真是让人目不暇接！

安培的电流相互作用实验轰动了科学讲坛之后，只过了一个月时间，他的同事、物理学家比奥和萨伐尔就发现了奥斯特实验中使磁针偏转的力的大小和方向的规律。这种揭示电流和由它所引起的磁场之间相互关系的定律，后来被称作比奥—萨伐尔定律。至于安培实验中电流之间相互作用的力的大小与方向，是安培自己探究的，他还对磁的起源问题提出了一套完整的理论。

1820年，英国皇家学会会长班克斯去世了，戴维爵士继承了他的职位。尽管戴维希望自己依然像十年前那样充满创造的活力，然而他却因过早衰老而力不从心了，完成电磁学研究的历史重任落到了法拉第的肩上。

第三节　发现电磁转动

订书匠出身的法拉第，其实早就对电感兴趣了。十几年前，他就在里波先生的铺子里摆弄过电机、莱顿瓶，"噼噼啪啪"闪现火花的情景依然历历在目。到了皇家学院以后，由于他整天忙着做化学实验，对电的研究便被暂时搁置了。

近年来，科学界对电和磁的研究又激起了法拉第的热情。在法拉第看来，对于什么是电，什么是电磁，它们之间究竟有些什么联系，奥斯特这样说，安培那样说，这说明对电磁学的研究进入了一个新的领域，要真正弄清有关电磁学的问题，必须先理清头绪，探明方向。

法拉第无论干哪一项工作，都肯下十足的工夫。他用了好几个月的时间，把能找到的有关电与磁的研究报告仔仔细细地阅读了一遍。同时，他又把别人做过的实验重新做了一遍。

法拉第在认真阅读和反复实验的过程中对电有了许多新的认识和感受。他把自己的学习心得和体会记录、整理成了一份报告，题目叫《电磁研究的历史概况》。毫无疑问，这为法拉第后来研究电磁现象打下了一个坚实的基础。

法拉第又开始做实验了。只见法拉第手里拿着磁铁、磁针，站在一根已经通了电流的导线旁边，一边比画，一边思考，怎样才能使通电后的导线旋转呢？

法拉第一时找不到答案，他决定先照着奥斯特的实验做一遍。通电后的导线究竟如何使磁针旋转呢？法拉第手拿磁针，绕着导线转。

突然，法拉第好像悟出了一点道理。他想，一根磁针是这样转动的，如果导线周围有许多根磁针的话，它们就会形成一个圆，这些圆向着同一个方向。对，原来磁针是"想"绕导线转，导线当然也"想"绕磁针转，这不就是作用与反作用的关系吗？法拉第恍然大悟，导线绕着磁针转动实际上就是通电导线绕着磁铁的磁极转动。

法拉第想通了这一点，马上动手做实验。1821年9月3日，他终于想出了一个绝妙的方法。

他在一个玻璃缸的中央立一根磁棒，磁棒底部用蜡"粘"在缸底。接着往缸里倒上水银，直到刚好露出一个磁极，然后把一根粗铜丝扎在一根软木上，并让软木浮在水银面上。导线下端通过水银接到伏打堆的一个极上，导线上端通过一根又软又轻的铜线接在伏打堆的另一个极上。很明显，这样就形成了一个闭合回路，立在水银上的导线会有电流通过。可是它到底会不会转动呢？法拉第当时是无法确定的。

法拉第看着自己制造的仪器，心跳个不停。它到底会不会转呢？一定会转的。法拉第相信自己的判断力。科学是一门踏踏实实的学问，对它，法拉第是一丝不苟、实事求是的。

特意来看法拉第做实验的是萨拉的弟弟乔治。果然不出所料，法拉第一给导线通电，乔治就看见浮在水银上的那块软木晃动了两下，而那根插在软木上的导线，微微有点倾斜，轻轻摆动着，仿佛在向法拉第招手。导线转了，通入电流的导线中间的磁铁转动了！

法拉第高兴得一下子跳了起来，他兴奋得手舞足蹈，一边拍手，一边大叫道："它转了！转了！"

此刻，有谁相信，由法拉第制成的这套如同小孩儿玩具似的玩意儿，竟是世界上第一个电动马达！

此刻，法拉第的思维大门打开了，这套装置不是很简单吗？一根导线通上电，在磁力的作用下会转动。要是将很多导线绕成线圈，通入很大的电流，在很强的磁场中，不就可以产生很大的动力带着机器转吗？这就是马达。

法拉第的脑海里顿时呈现出了一幅美丽的画面：有了马达，那些硕大笨重的蒸汽机，高耸入云的烟囱和漫天的烟雾将会被取代，工农业生产以及人们的生活将出现崭新的面貌。

对于以后的生产和生活将会出现何种翻天覆地的变化，人们会怎样振奋地去迎接新的工业化时代的到来，法拉第也许想到了，也许还没有来得及去想，不过可以肯定，目前法拉第想得最多的是探究自然界的奥秘——认识和掌握电与磁的本质。

1821年9月3日，法拉第因为做电磁转动实验，劳累过度，差点晕倒在实验室里。法拉第在离开实验室之前，在日记上这样写道：

……结果十分令人满意，但是还需要做出更灵敏的仪器。

法拉第的想法是千真万确的。电磁转动的发现，意味着人们认识和利用电的能力向前迈进了一大步。

第六章

伟大的发现

  法拉第把自己完成的电磁转动的实验写成了一篇报告，并寄给了《科学季刊》，结果让人误以为他剽窃了沃拉斯顿的成果，连戴维教授也人云亦云，这使法拉第想打退堂鼓。但是法拉第不甘心放弃电磁学的研究，他的又一个实验成功了，他证明了通电导线可以在地球磁场中转动。在这之后，法拉第还发现了液态氯、气体液化的新方法、苯，并发明了光学玻璃，等等。

第一节 新的突破

迈克尔·法拉第发现电磁转动时已进入了而立之年。尽管以前法拉第有许多论文发表，但似乎与科学发现不能媲美。作为一位著名的科学家，到30岁才有了这样一项比较重要的科学发现，似乎晚了些，然而，对迈克尔·法拉第乃至整个人类来说，这并非是迟到的春天。

时间的脚步匆匆，法拉第已经在皇家学院工作了8年。在过去的日子里，他从事的一直都是有关化学研究的工作，所做的一切与发现或者发明工作无缘，特别是给化学家戴维爵士当助手，似乎仅仅是陪衬而已。眼下他有一种预感：1821年9月3日、4日这两天他所做的电磁转动的实验，实在是一项不寻常的成果。想到这里，法拉第的思绪又回到了实验室。他还在想：明天该做些什么实验？应该在实验日记本上补一个草图；应该再做一项实验，让磁铁绕着通电导线转。他在思考，既然导线能绕着磁铁旋转，那么磁铁当然也应该能够绕着导线旋转。

法拉第是一个善于学习别人研究成果，同时又富有创新精神的人。他曾经多次总结、分析过自己进行电磁转动实验的原因。虽然奥斯特第一个发现电流对磁针有偏转作用，虽然安培发现电流与电流之间有相互作用，但他们做的都只是表明了磁力的存在。法拉第通过实验证实的是这种磁力能使通电导线不停地转动，这不得不说是电磁学研究上的又一次重大突破。

以前，戴维爵士和他的老朋友——皇家学院的理事沃拉斯顿也曾做过这方面的实验，但都没有成功。而这一伟大成果却被自己这样一个无名小卒钻研出来，此时的法拉第能不兴奋吗？

法拉第把自己在9月3日、4日成功完成电磁转动的实验写成了一篇报告，公布了自己的实验过程及结果。本来法拉第想在报告里提一下沃拉斯顿的工作，还想说明一下自己的电磁转动实验与沃拉斯顿的实验的不同之处。于是，法拉第想带着完成的报告去见一下沃拉斯顿博士。不巧的是，博士外出旅游了，戴维爵士也不在伦敦。

他们都不在，如果不经过他们的允许，就贸然提及他们失败的实验，这样做是不是有些不妥？法拉第经过再三思考，决定还是先不提沃拉斯顿的实验。随后他把报告寄给了《科学季刊》。为了庆祝自己有生以来第一个重要发现的问世，他收拾好行装，带着妻子萨拉到海滨度假去了。

第二节　引起误会

　　秋天的伦敦，笼罩在淡淡的薄雾之中，给人一种寒意逼人的感觉。

　　迈克尔·法拉第回到皇家学院后，像往常一样到他的实验室去上班。然而一些风言风语进入到他的耳中，有人说他"剽窃了沃拉斯顿的成果"，并写了一篇论文发表在《科学季刊》上；有人讥讽他说，真没有想到，这样一个有作为的青年，竟"不顾脸面"。开始，憨厚耿直的法拉第以为是发生了什么误会，他对议论做了如下解释：沃拉斯顿的实验与他的实验在根本上是不同的，沃拉斯顿是想使通电导线绕着自己的轴转动，叫自转，结果失败了；而法拉第则是让通电的导线绕着磁铁转动，这是公转，结果成功了。这两种实验，不但设想、方法、使用的仪器不同，甚至连理论、解释都不一样。

　　这么多年来，法拉第一直兢兢业业、踏踏实实地从事科学研究，从来没有遭到过非议，如今却有人不顾事实地恶意中伤他，他心里感到十分痛苦。他有一种名声、人格受到怀疑和污辱的感觉。他不得不给自己的朋友，和他一起研究过合金钢的斯托达特写信：

沃拉斯顿博士回到城里以后，请你安排我和他见一面。我需要见他，不仅是为了向他表示歉意，如果我无意中做了伤害到他的事情；而且是为了向他解释，人们对我的怀疑是一场误会。沃拉斯顿博士的地位远远在我之上，即使他确实觉得自己受到了损害，他也可能并不介意。我不过是一个年轻人，没有什么名气，我个人怎样，对于科学事业并无影响，然而在任何情况下，如果我受到不公正的怀疑，那么由他来主持科学的公道，帮助我解脱那些怀疑，那是再恰当不过了。

斯托达特是个工业家，也是个学者，他研究合金钢已经20多年，进展一直不大，只是在近两三年来，和法拉第合作以后才取得了一些比较重要的成果。斯托达特在学术界相当有影响力。他劝法拉第，解决这个问题的最好办法是直接给沃拉斯顿写信。法拉第这样做了，他在给沃拉斯顿的信中写道：

如果我做了什么对不起他人的事，那是我完全没有意识到的，指责我不诚实是没有事实根据的。先生，我冒昧请求您给我一点时间，我想和您谈谈这个问题。我想和您谈，是由于这样的原因——我能为自己澄清——我对您是感激的——我对您是尊敬的……我希望人们能更正那些毫无根据的对我的坏印象……如果我做错了什么事,我可以道歉。

沃拉斯顿是个性情温和、极富有幽默感的人,也是一个淡泊名利的人。如今外面流传法拉第盗用了他的研究成果,其实,沃拉斯顿并不以为然。在科学界久负盛名的他对这种流言蜚语素来不大关心,可是今天法拉第给他写信了,沃拉斯顿急忙拆开一看,这位年轻人的信写得不卑不亢。于是,沃拉斯顿给法拉第回了一封信:

> 至于人家对你的行为有什么指责,这与你有关。假如你有充分的理由能够说明你没有不正当地使用别人的成果,那么在我看来,为了这件事情烦恼,实在大可不必。不过,如果你愿意和我谈谈,那么明天早晨有空的话,请在10点到10点半之间来找我,我将恭候你的光临。

第二天上午,法拉第准时来到沃拉斯顿博士的办公室。这位头发稀少的老博士和一头美发的青年法拉第谈了些什么,他们没有对别人谈起过。不过,想象得出,他们的谈话一定很有趣。法拉第的诚实和真挚,一定会给沃拉斯顿博士留下非常深刻的印象。正因为有了这次交谈,沃拉斯顿博士和法拉第的关系开始亲密起来。

第三节 又一次成功的实验

虽然迈克尔·法拉第"电磁转动"的实验获得了成功,让他欣喜不已,但他却完全没有想到这会引起一场沸沸扬扬的争论。别人不理解自己,法拉第还能够接受,但为什么连自己的老师戴维教授也不理解,说自己的"电磁转动"发现是"盗用了别人的成果",这完全在他意料之外。

多少年来,法拉第对戴维教授一直抱着崇敬和感激之心。在法拉第的眼里,戴维是一个有着伟大心灵和天才头脑的人物。这个伟岸的形象一直陪伴着法拉第,激励着法拉第。但如今戴维也跟着那些不明是非的人说法拉第的闲话,法拉第还真有在电磁学研究方面打退堂鼓的想法。

法拉第也曾暗暗地下定决心,不再研究电磁学方面的问题。别人说他闯进了前辈科学家的研究园地是"侵犯了他人的权益",那就干脆退出好了。宇宙之大,科学领域里可供选择研究的课题如此之多,何必让别人说三道四呢?但是法拉第又舍不得就这样放弃电磁学研究领域。

1821年圣诞节,一片安静祥和的气氛笼罩着皇家学院的实验室。法拉第又成功地完成了一次电磁转动的实验。不过,这次实验与9月3日的实验不同,他是设法让通电导线在地球产生的磁场里转动。一根导线，通上电流就转动起来了，把电池的正负极调换一下，导线又反转了。9月3日的实验是中间有一根磁棒，现在导线的四周什么都没有。这个实验太奇妙了。法拉第又一次高兴得手舞足蹈。他冲出实验室向着四楼上喊：

"萨拉，你快下来看啊！"

"迈克尔，我在烤鹅呢！"四楼厨房里传出了妻子温柔的声音。

"不要管烤鹅啦，你快下来看，真有意思极了！"

"现在还不行啊，迈克尔，鹅会烤焦的！"

法拉第双手一摊，像泄了气的皮球一样，但他还是满怀希望地回到了实验室。他刚坐下，正准备拿起笔来记录今天观察到的实验现象时，忽然听到背后有人推门进来。他转身一看，原来是妻子萨拉，她身上还系着白围裙。

在萨拉心里，毕竟还是法拉第比烤鹅重要。法拉第迅速走到那张宽大的实验桌的旁边，通上电源，只见那根斜吊着的导线，一头浮在水银上，已慢慢地转动起来，萨拉看着导线在一种神奇的力量推动下转动起来，又惊奇又高兴。她把手在白围裙上擦了几下，搂住法拉第说："迈克尔，你又成功了，这简直太神奇、太棒了！"

法拉第也系着做实验用的白围裙，此时他和萨拉犹如饭店里的两名厨师，相互做了个鬼脸，同时说出了一句爱尔兰人的土话，会意地笑了。

"瞧你,"萨拉俏皮地说,"迈克尔,你真像一个孩子,我不能管你了,我得上楼去,要不鹅真的烤焦了,今天是我们一起度过的第一个圣诞节呢!"

几天之后,沃拉斯顿到皇家学院来看法拉第做实验。老博士一边细看,一边点头称赞,法拉第这个年轻人就是聪明,他一下就明白了通电导线不能自转的原因,于是马上改做公转实验。难怪有人夸法拉第眼光锐利,头脑敏捷,他想到用水银把通电导线浮起来,这个办法太巧妙了。眼下他又用地球的磁场来代替磁棒,这个办法是一般科学家想不出来的,真是既实际又大胆。

沃拉斯顿被法拉第丰富的想象力和脚踏实地、埋头苦干的精神感动了。从眼前的事实来看,他完全肯定,法拉第并不是那种使用手腕"盗用"他人研究成果的伪君子。老博士拍拍法拉第的肩膀,向他表示衷心的祝贺。法拉第说:"先生,我准备立即发表一篇文章,报道通电导线在地球磁场中的转动。请允许我提到您的工作,上一次没有提及那是我的疏忽。"

沃拉斯顿摇了摇头说:"我看不必了。"

"不,我一定要写。"法拉第说。已经好多天了,他那张坚毅的脸上终于露出了欣慰的笑容。

事到如今,应该说,所谓法拉第"盗用"沃拉斯顿的研究成果这件事就这样消失了,但是它留下的阴影并没有从法拉第的心头抹去,他的心灵上留下一块创伤。他又回过头去研究化学问题了：合金钢、玻璃、氯气……

第四节　液态氯的发现

　　电磁转动虽然被称为是法拉第的第一个重要的发现，曾轰动了欧洲科学界，但是由于大家对此事的评价毁誉参半，法拉第的职位没有得到提升，他依旧是实验室的助手，经常在皇家学会会长、皇家学院的名誉化学教授布兰德演讲时做演示实验。然而一有空，他还是会深入研究自己喜爱的课题。

　　法拉第生活的时代是对化学元素的研究取得重大突破的时代。氯气一出现在化学舞台上，就表现得异常活跃。把一根铜丝烧红以后放到氯气中，就会剧烈地燃烧，冒出耀眼的火花；把氯气和氢气混合在一起，一点火，就会"轰"的一声，发出爆鸣。氯气这种活泼的性质引起了戴维的兴趣，更引起了法拉第的关注。

　　法拉第是一个十分留心观察日常生活现象的人，他根据锅盖上老是有水滴这个现象，做了一个很有趣的实验。他在一个装着水银的玻璃瓶里吊了一片金箔，金箔是吊在空中的，不和水银接触。为了便于观察，他把这瓶水银放在一间暗房里。

时间一分一秒地过去，不一会儿，原来黄澄澄的金箔，颜色逐渐变淡了，金箔上出现了一层极薄的银灰色的薄膜，实际上这层薄膜就是水银。

瓶里的水银怎么跑到金箔上去了呢？法拉第开始提出疑问。法拉第肯定地判断道：只有一个可能，水银一定像水一样蒸发，变成了水银蒸气，最后聚集到了金箔上。

既然金属能变成气体，那么气体应该也会变成液体和固体。法拉第沿着自己的思路继续这样问自己。法拉第开始拿氯气做实验了。最后他终于观察到了，氯气通过冷却能得到固体，这种固体实际上是氯和水的化合物。干燥的氯气，即使在华氏40度（4.44℃）也不凝固，相反，潮湿的氯气或者氯的水溶液在华氏40度就结晶为固体了。

突然，实验室里进来一个客人，他就是帕里斯教授。法拉第与客人打了个招呼，继续埋头做他的实验。

"法拉第先生，你在做什么实验？"帕里斯教授很感兴趣。

"我们过去对固态氯气加热，试管总是敞开的。今天我把它密封在试管里加热，看看会发生什么现象。"法拉第回答说。帕里斯教授把身子倚在实验桌边，盯着试管看了一阵，忽然说："法拉第先生，你的试管不干净。"

法拉第愣了一下。谁都知道，法拉第爱洁净在皇家学院是出了名的，不管什么东西，只要经过法拉第的手都会变得干干净净、整整齐齐。

"试管不干净?"法拉第还是头一回听到别人这样评论他整理的仪器。法拉第仔细一看,果然试管上端有几滴黄颜色的"油斑",清清楚楚,简直叫人不敢相信。

做化学实验,必须把试管洗刷干净,这是最起码的常识。法拉第做了十几年的化学实验,从来没有忽视这一点。他不相信里面有"油斑"是由于自己没有将试管洗干净,他要探个究竟。

只见法拉第把试管从水溶杯里拿出来,冷却了一会儿,然后拿起一根钢锉,在试管上端的油迹处锉了两道痕。让他意想不到的是,他拿起有锉痕的试管在实验桌上轻轻一敲,"啪"的一声,试管断成了两半,随后冲出一股刺鼻的氯气味。法拉第和帕里斯教授急忙捂住鼻子,还是被呛得咳嗽起来。

这时,"奇迹"发生了,原来试管壁上干干净净,根本没有什么"油迹"。

法拉第和帕里斯教授惊讶极了。这"油迹"出现得奇怪,消失得更奇怪,它到底是什么东西呢?

帕里斯教授和法拉第讨论了一会儿,也没有理出些眉目,他就告辞了。

法拉第还在实验室忙着,最后终于找到了答案。原来那"油迹"就是液态的氯!此刻,他陷入了深思:自己研究氯气那么长时间,现在它不过换了一个样子,变成了液态形式,竟然就认不出来了。不过,法拉第最终还是认出来了，而且他还找到了密封试管里氯气液化的原因。

液态氯和气体液化的新方法就这样被法拉第发现了。这又是一个偶然的发现。发现液态氯的意义非同一般，氯气可以液化，同样，其他气体也可以这样液化。奥斯特的电流的磁效应，法拉第的氯气液化法，表面上看起来全是无意间发现的。法国微生物学家、化学家巴斯德这样说过："在观察的领域里，机遇只偏爱那种有准备的头脑。"奥斯特、法拉第都是那种具有有准备的头脑的人，他们在偶然发现之前都做了大量艰苦的工作，这些发现是必然的。

第五节 实验的代价

时间过得真快，转眼间，法拉第和他的老师戴维教授已相处十年了。法拉第由于发现"电磁转动"和液态氯以及气体液化的新方法，他一下子在欧洲出了名。巴黎的科学院已经先聘请他为通讯院士。然而他在伦敦仍旧只是皇家学院实验室的一名助手。处于他那样的位置，只有任人指挥的份儿。在19世纪的科学界有这样一个规矩：教授的吩咐就是命令，助手的成绩应该首先归功于教授。本来，液态氯是迈克尔·法拉第发现的，可是戴维教授在让法拉第宣读论文时，只强调了他本人是这次研究工作的发起人。

戴维这样做是很自然的，这并不是因为他为人刻薄，强抢功劳，只是因为他是"主帅"，法拉第是"小兵"。对于这一点，法拉第给予了极大的理解，毕竟戴维教授是法拉第的老师、领导者和恩人。

进行科学研究成功之后，除了经常发生"功归何人"的争执之外，有时还需要付出很大代价，甚至是对生命的考验。

自从法拉第取得气体液化的成果之后，他对做实验就像当年读书一样着了迷。有一段时间，法拉第整天在实验室里忙碌，到了吃饭的时候也不走出实验室。妻子萨拉不得不把饭送到实验室里来："迈克尔，吃饭了。"

"好，好。"法拉第嘴里答应着，手头仍然忙着做他的实验。

萨拉看了他一会儿，轻手轻脚地把盛着饭菜的大盘子端到了法拉第的面前。盘子里装有面包、菜，还有汤。萨拉把盘子放在实验桌上说："吃吧，迈克尔，看你像个孩子，这么着迷。"法拉第边吃边做实验，吃完后接着做实验。

有不少科学家的发现和发明是用鲜血换来的。法拉第把那些绿色的、黄色的、红色的气体密封在玻璃试管里加热，这可不是闹着玩的事。尽管法拉第小心翼翼，但还是经常发生试管爆炸事件。

就在一个星期六的晚上，法拉第做实验时发生了一起爆炸，炸伤了他的眼睛。一支试管炸得非常猛烈，玻璃碎片像手枪子弹一样，击穿玻璃窗飞了出去。

经医生检查，13片碎玻璃飞进了法拉第的眼睛。后来碎玻璃取出来了，但他的眼睛上缠着绷带，不能看东西。那些日子，尽管法拉第没有做实验，但他一点儿也没有停止思考。他想起了在里波先生铺子的楼上第一次做化学实验的狂喜，想起了第一次走进皇家学院演讲厅时的激动，同样他也想起了与他的老师戴维教授一起做化学实验的点点滴滴。当时，戴维教授还不是皇家学会的会长，他和法拉第还一起做实验。

经过十年的时间，法拉第已经成长为一名成熟的科学家了。眼下他最需要的是独立的科学研究，需要的是别人对他的尊重。

第六节　广泛的研究

19世纪初的英国，民用燃料和照明已开始煤气化了。那时的煤气是用鲸鱼或者鲸鱼脂肪裂化制成的，煤气只要压缩到30个大气压就可以装进铁桶里，送到各家各户去使用。

压缩煤气的公司在工作中发现，在煤气压缩装桶的过程中，桶底总有一些黏稠的液体凝聚起来。1825年4月，这个公司把这种液体的样品送到皇家学院实验室，请法拉第分析。这时法拉第的哥哥罗伯特·法拉第已经离开铁匠行业，正在经营压缩煤气，他和法拉第也谈起过这个问题，这引起了法拉第的兴趣。

法拉第接受这个任务后，采用分馏的方法，把这种液体慢慢地加热煮沸，在不同温度条件下，得到了不同成分的挥发物。这种黏稠的液体是一种很复杂的混合物，当把这种液体加热到八十几摄氏度的时候，挥发出的气体比较单一。从这种气体凝聚而成的液体中，法拉第提炼出了一种没有颜色的透明液体，这种透明液体在五六摄氏度时，凝结成美丽的白色晶体，在八十摄氏度的时候沸腾。这是一种新的物质。法拉第运用巧妙的实验方法，测定出了这种物质的化学成分和化学性质。他给这种物质取了个名字，叫"重碳化氢"。

这种物质当时并没有引起科学界的关注。9年以后，德国化学家米彻希利研究了这种物质的各种衍生物，并且把它取名为"苯"，才引起世界化学家们的重视。

1856年，18岁的英国青年化学家柏琴发现了苯胺紫染料，才开始了苯在染料、香料、医药等各个工业部门中的广泛应用。有耕耘，便有收获，法拉第的不少发明和发现都是在许多年以后才得到应用和推广的。记得在他发现苯的那一年，法拉第参与了皇家学会一个委员会的工作，开始了对光学玻璃的研究。1829年,法拉第还在皇家学会的贝克讲座上以《论光学玻璃的制造》为题进行过演讲。当时在英国科学界有一条不成文的规定:只有最出色的科研成果才能到贝克讲座上宣读。应该说法拉第能够获得这次机会是当之无愧的。如今光学玻璃的用途越来越广,但可能有很多人都不知道,它是由自学成才的法拉第发明的。有趣的是,1845年,法拉第又发现了磁致旋光效应,到了这时,他发明的光学玻璃才真正进入使用阶段。

法拉第的研究领域是极其广泛的,他还对合金钢进行过深入研究。1931年,在庆祝法拉第发现电磁感应100周年的时候,一位著名的冶金学家在皇家学院的实验室里察看了当年法拉第试制的各种各样的合金钢样品。出乎他意料的是,有种合金钢在潮湿的地下室里放了100多年,居然还没有生锈。他经过化验分析确认,在这种合金钢里含有大量的铬。在今天看来,实际上就是一种"不锈钢"。没想到这样一项重要的发明,竟然在地下室里沉睡了一个世纪才终于重见天日。

法拉第在实验室里埋头苦干,他研究出来的成果一项接着一项。对于这些,作为他的老师,戴维是最清楚的。尽管戴维教授与法拉第在工作过程中也有过不愉快的经历,但他对法拉第的研究精神和科学态度以及他对自己的尊重还是满意的。1825年2月,戴维提名让法拉第担任皇家学院实验室主任,就是最好的说明。

1826年年底，戴维因高强度的工作瘫痪了。第二年他辞去了皇家学会会长的职务，到欧洲大陆去休养。这次，他的妻子没有陪他去。遗憾的是，阳光灿烂的意大利、空气清新的瑞士都没有治好戴维的病。经过两年多的辗转漂泊和病痛折磨，戴维于1829年5月29日在日内瓦去世。据说，戴维住在瑞士养病的时候，他的一位好朋友去探望他，问他一生中发现了多少化学元素，最伟大的发现是什么，戴维回答说："我最伟大的发现是法拉第。"

戴维教授去世时年仅50岁，他的生命节奏如此之快，他的一生却十分丰富，他所做过的事情别人活上100岁恐怕也做不完。作为第一代致力于应用科学研究的化学家，确切地说，戴维完成了他的历史使命。

曾记得，十几年前，戴维第一次把对科学态度认真且极富热情的法拉第介绍来皇家学院工作时，法拉第这样说过，他渴望从事科学研究，是因为要追求真理。一晃十几年就过去了，法拉第正在用自己的行动实践自己的诺言。

法拉第很早便爱上了电，如今，他又恢复了对电的痴狂的研究。

第七章

攀上科学的高峰

　　成名后的法拉第受到很多公司和企业的青睐，最初他接受了一些业务，这让他的收入相当可观，但这会影响他的研究工作。最终他为了自己热爱的科学，放弃了来自四面八方的聘请。这种为科学献身的精神使法拉第获得了更为巨大的成功，他不仅取得了很多伟大的成就，还被授予爵士称号，但是法拉第拒绝成为贵族。

第一节　选择清寒的生活

戴维虽然英年早逝,但是他未完成的事业却由法拉第继承下来,并且得到发扬光大。到1829年,38岁的法拉第已经是一位颇负盛名的化学家,总计发表了60余篇学术论文,其中大多是化学领域的。

这一年,法拉第正式向皇家学院提出申请,解除自己的职务,以便集中全部精力进行自己割舍不下的电磁研究。八年来,他一直没有放弃"把磁转变成电"的理想,同事们知道他在屡次失败中仍旧坚持自己的信念,都很钦佩。

不久,皇家学院批准了法拉第的申请。事实表明,这个决定非常明智,它是法拉第科学事业的一个重要转折点。

作为一位有名的化学家,法拉第刚刚卸下皇家学院的重担,立即又成为实业界争夺的目标。不少公司拿出重金聘请法拉第,想将这位化学界的新星归入旗下,做他们的技术顾问。

1830年,在朋友们的劝说下,法拉第接受了一些业务,得到1000镑的酬金。这笔收入在当时相当可观,几乎相当于他10年的薪水,对于改善家庭生活自然有很大帮助,妻子萨拉再也不用为衣食和其他开销发愁了。据法拉第的学生和密友丁达尔估计，照这样下去，他每年的收入可以有5000镑以上。但是这些被法拉第称为"生意上的事"，要耗去他很多精力和时间，已经影响到他的研究工作了。法拉第感到很为难，如同在青年时代一样，他再次面临生活道路的选择：一条路是铺满钞票的"生意"，另一条路是没有嫁妆的科学，何去何从，任他选择。

如果为家庭着想，法拉第利用他那非凡的化学才能可以获得许多额外报酬。可是放弃一生追求的理想，金钱又有什么用呢？法拉第当初宁愿离开收入稳定、丰厚的印书业，当一个每周只有20先令报酬的小实验员，为的就是追求自己的理想，追求真理，为科学献身，用他自己的话说——是为了从事"哲学的探索"。

法拉第很快做出了抉择。

他谢绝了来自四面八方的聘请，全身心地投入到自己的研究工作中去。尽管这样做生活要清寒些，温柔的妻子萨拉却毫无怨言并十分理解他。法拉第很受感动，还有什么比能够理解自己的事业、理解自己的追求更宝贵的呢！丁达尔后来感慨地说："这位铁匠的儿子，订书匠的学徒，把他的一生加起来，一方面可以得到15万镑的财富，一方面是完全没有报酬的科学，他要在这两者之间做出选择，结果他选择了后者，终生过着清贫的日子，然而这却使英国的科学声誉比其他各国都高，获得将近40年的光荣！"

印度大诗人泰戈尔说："鸟翼上系上了黄金，鸟就飞不起来了。"

这话放在戴维身上便很恰当，戴维爵士后半生为名誉和金钱所累，创造力逐渐枯竭。

这话也适合法拉第，法拉第摆脱了名利羁绊，终于展翅高飞，开始了他在科学上的全盛时期。

第二节　法拉第最伟大的发现

1831年是法拉第一生中最难忘的一年。

这一年的秋天似乎格外明媚。天气已经有些凉意，法拉第仍旧穿着那件朴素的外套，在实验室里紧张地工作。他的电学实验进入最关键的阶段。

8月29日，法拉第用软铁做了一个圆环，厚度不到2.5厘米，外径为15厘米。他在铁环的半边（A段）用了根长约7.3米的铜线绕成三个线圈，每个线圈都有好几层，每层之间用绝缘的麻布隔开。这样，三个线圈可以连成一个大线圈，也可以相互分开作为三个小线圈用。然后，法拉第将铁环的另外半边（B段）用两根铜线绕成两个线圈，总长约为18米。在A段线圈和B段线圈之间留了间隙，互不接触。

法拉第把10组电池串联起来作为电源，再把B段的两个线圈连成一个线圈，用一根铜线把这个线圈的两端连接起来，铜线下面摆着一个磁针，实际是一个电流计。铜线中若有电流流过，磁针就会偏转。接着，他把 A 段一个线圈的两端和电池组连接。

一切准备就绪，法拉第集中精神开始操作。他小心翼翼地合上 A 段的电闸，强大的电流通过线圈，不一会儿导线就发热了。法拉第转过头注视着 B 段铜线下面的电流计，电流计的指针毫无反应，一动不动。

法拉第换了一个 A 段的线圈，重复刚才的实验，结果指针仍然一动不动。后来，法拉第把 A 段 3 个相互绝缘的线圈并联成一个线圈进行实验，他想，这样现象可能会明显些。他忐忑不安地合上电闸，转过头注视电流计，指针像被固定了一样，还是丝毫不动。

失望之情顿时涌上心头。一个有信念的科学家是不怕失败的，然而结果却这样无情。呕心沥血 10 年，竟然毫无结果。这是为什么呢？法拉第望着实验台上散布的线圈、电池组、检测电流的指针，又心疼又惋惜。

一个有见识的科学工作者，既要不怕失败，又要勇敢面对失败，更关键的是要做出正确的判断。在决定进退之前，法拉第慎重地做出了选择。

他复查了全部实验记录，对设计思路和实验方法也全部回顾了一番，并且逐件检查了实验器具，连一根导线都不放过。在检查电流计摆放的位置时，法拉第无意中想到：

他每次实验都是先接通电源，再转过头来观测电流计。

是不是这里出了问题呢？他马上把实验台重新布置好，进行检验。这次法拉第特地把线圈铁环和电流计摆在电池开关旁边，以便操作的时候他的目光可以一直观察指针。

法拉第目不转睛地盯着电流计，然后用手合上电源开关。就在线路接通的一刹那，电流计的小指针晃动了一下！指针的晃动只是瞬间的事情，稍不留意就发现不了。法拉第过去所做的实验都忽略了这个细节，这次终于捉住了稍纵即逝的"一刹那"。"啊，电流！"法拉第欣喜若狂，不由得喊了起来。

这位在挫折中成长的科学家把实验重复做了几次，每次都得到同样的结果。他确信胜利的曙光就在眼前。他在实验日记里记下了这个难忘的日子：1831年8月29日。

法拉第非常兴奋，但是他没有因此而骄傲自满。这位严肃的科学家在思索着：应该怎样评价和分析这个发现。

静电感应能够感应出稳定的静电，但是这个实验里，伏打电却不能感应出稳定的电流。磁针只是稍稍动了一下，说明B段线圈里感应出来的电流很弱，而且瞬间即逝。只是在电源开关合上或断开的那一刹那，才有感应电流，一旦A段线圈里电流恒定，B段线圈里的电流就消逝了，这是为什么呢？

再者，从表面上看，这个实验是从初级（A段）电流感应出次级（B段）电流，换句话说，是从电变成电，同磁没有关系。而法拉第这项实验所要达到的目的是"把磁转化成电",他的目的似乎并未达到。但是反过来说,如果这个发现仅仅意味着"从电变成电",那么又有一个问题难以解释——为什么要在初级电流接上或者断开的一瞬间,次级线圈才有电流产生呢?这种初级电流的突变会不会同磁有关系呢?

9月23日,法拉第在给哲学会的一位老朋友的信中写道:

> 我再度潜心于电磁实验研究。我想,我可能钓到了一条大鱼,只是还没有绝对把握;也许我花费了那么多精力,捞到的只是一团水草。

法拉第有一种预感:自己的手已经触碰到了真理,只要再加把劲儿,就能抓住它了。

法拉第继续进行实验。他断开B段电池的接线,将一块磁铁放在铁环旁边,希望能在A段感应出电流来,可是磁铁并没有使电流计的指针摆动。法拉第把铁环换成其他金属做成的环,并且绞尽脑汁变换了许多种接线方法,电流计的指针仍然一动不动。磁铁没有产生出电流来!

法拉第又开始重复做8月29日的实验。他发现,如果改变B段线圈和A段线圈间的位置,或者改变B段线圈里电流的大小,电流指针都会摆动,也就是说A段线圈中有感应电流产生!法拉第顿时明白了:一定是B段线圈里电流产生的磁的变化，使 A 段线圈感应出电流。

为了验证这个判断，10 月 17 日，法拉第用硬纸做了一个空心圆筒，用铜线在纸筒上分层绕了八个线圈，然后将八个线圈并联成一个线圈，线圈的两个端点接在电流计的两极上。

法拉第把一根磁棒插在硬纸筒里，可是电流计上的指针没有摆动。

法拉第的心"怦怦"地跳，他突发奇想，也许是插得太慢了？

法拉第屏住气，把磁棒猛地向纸筒里一插，果然，电流计上的指针动了！法拉第心头一震——把磁转变成了电，10 年来他孜孜以求的不就是这一瞬间吗？

短短的一瞬，指针又回到原处。当法拉第突然将磁棒从纸筒里抽出来时，指针又朝相反的方向摆动，接着又回到原来的位置。

答案终于揭晓了：原来是线圈里的磁通量的变化引起了感应电流。换句话说，正是运动的磁场产生了电流。法拉第努力追求了 10 年的理想终于实现了！这就是著名的电磁感应现象！他继奥斯特等人的实验之后，进一步揭示出电和磁互相转化的辩证关系，为近代电磁学奠定了基础。

经过坚持不懈的努力，法拉第终于成功了，他用自己的意志和智慧，在电子科技史上写下了辉煌的一页。

在我们看来，法拉第结束了这场持久战，可以稍稍休息一下了，但是他没有这样做，他找来一块大的马蹄形磁铁，把一个铜线圈放在磁铁中旋转，线圈中就感应出持续的电流来。基于这个实验，他创造出世界上第一台感应发电机。这一年的除夕，法拉第兴致高昂地向他的亲朋好友表演了这项新发明。

这是一台别致的装置。只见一个中心有轴的圆形铜盘被固定在支架上，铜盘与地面垂直，并且伸进一块水平固定的马蹄形磁铁两极间。铜盘的中轴连接一根导线，铜盘边缘同另一根导线保持接触，两根导线同一个电流计相连。在节日烛光的辉映下，铜盘更显得璀璨夺目。客人们围在四周，兴趣盎然地观看着。

法拉第大声宣布："开始！"

只见他轻快地转动摇柄，铜盘在两个磁极间不停地旋转起来。由于铜盘的各部分都切割了磁感线，电流计的指针逐渐偏离零刻度线，微微颤动地指示出电流的读数。铜盘转动得越快，电流的读数越大。客人们纷纷称赞，只有一位格外挑剔的贵妇人不以为然，她取笑地问法拉第："先生，你发明的这玩意儿有什么用呢？"

法拉第把手放在胸前，微微欠身答道：

"夫人，新生的婴儿又有什么用呢？"

人群中顿时爆发出一阵喝彩声。

这台小发电机在今天看来确实像一个简单的玩具，事实上法拉第也并没有把它付诸实用，然而它却是现在所有发电机的鼻祖。这个发明在近代科学史上的意义是深远的，人类从此打开了电能宝库的大门。

第三节 向纵深挺进

电磁感应是近代物理学上的一项重大发现，也是法拉第科学事业的一座高峰。他一旦翻越了这座高峰，就向电磁学的纵深挺进，长驱直入，取得了一个又一个辉煌的科学成果。

1832年，法拉第通过大量实验证明了电的普遍性，解决了电学界多年来的模糊认识。

这个成果实际上是18世纪美国科学家富兰克林工作的延续。富兰克林用风筝实验证明了雷电也是电，把人们对电的认识推进了一步。但是各种电在本质上是否全都一样呢？

富兰克林因为受当时条件的限制，没有继续研究下去。一直到法拉第时代，这个问题依然没有解决。科学家们众说纷纭，各执一词。戴维生前也不敢妄下定论。

法拉第早就关注到这个难题了，在他的笔记里有大量的构思和设想，其中有一段是这样写的：

　　对于我的疑问，实在有继续追究的必要，就是用各种不同方法诱起的电,到底是完全相同的还是各不相同的,非弄清楚不可,不能留下丝毫的疑点。

"把磁转变成电"的目标达成以后,法拉第自然就想到:这种电同已经知道的其他各种电是否相同呢?他把摩擦电、伏打电池产生的电同刚刚获得的电磁感应电在磁偏转、电火花、热效应、电解作用等方面逐一进行了比较。可以想见,这些实验的工作量是巨大的,而且精确度要求非常高。法拉第竟然一做到底。

结果,法拉第发现几种电的性质完全一样,只有程度上的差别,因此,他得出了科学的结论:不管来源怎样,电的性质是相同的。

紧接着,1834年,法拉第在电化学领域做出了卓越的贡献。他在戴维多年研究的基础上,发现了著名的电解定律。这个定律揭示出了电解的时候物理现象和化学现象定量的联系,成为化学的基本定律。电化学的开创者是戴维,法拉第把它发扬光大了。

法拉第还对电解质和导体进行了深入的研究。在实验中,他感到当时电学中沿用的旧名称很混乱,不但词不达意,还常有谬误。法拉第认为,随着新的电学理论的出现,有必要对旧名称进行一次梳理。他果断抛弃了一些不恰当的旧名称,更换了新名称。比如电极、阳极、阴极、电解质、电解、离子等,就是法拉第首先使用的,而且这些名称一直沿用至今。

法拉第无止境地探索着。1836年，他又发现了静电屏蔽现象。法拉第在绝缘板上放一个金属网笼子，在笼子的里面和外面各放一个金箔验电器，并且用金属链分别把金箔验电器的金属球和笼子连接起来。当金属网笼子带电的时候，笼外验电器的金箔分开，笼里验电器的金箔依旧下垂，丝毫没有带电的现象。这个实验表明电荷只分布在导体的表面，金属网笼子能够对内部物体起到电的屏蔽作用，这就是静电屏蔽现象。法拉第由此确信，如果有金属网保护，即使站在闪电中也不会被击伤。

他想起了富兰克林的风筝实验。富兰克林冒着生命危险，从空中攫取了闪电，他的勇气值得人们尊敬和赞赏，但却很冒险，法拉第要做一个同样惊心动魄的实验，但却很安全。

1836年1月，法拉第表演了一次令朋友们目瞪口呆的实验。他建造了一个巨型的金属框架，长、宽、高各12英尺（约3.66米），然后他用一层铜网把金属框架罩住。他把一部巨大的发电机同铜网相接，这部发电机能产生很高的电压，足以让人丧命。法拉第走进金属框架，站在铜网中央，然后吩咐助手开始实验。

发电机开动起来，制造出一幕精彩的人工闪电。伴着"劈劈啪啪"的巨响，电火花在铜网上飞溅。法拉第勇敢地站在铜网中央，面带平静的微笑。由于"闪电"只发生在铜网表面，法拉第安然无恙，连一根头发都没受到损伤。

他用自己的身体，极有力地证明了静电屏蔽的真理。

法拉第还发现了储存电荷的方法。人们早就知道正负电荷互相吸引，将一个带负电荷的导体与一个带正电荷的导体接触，将产生放电现象，正负电荷会互相"中和"。法拉第还发现，如果在正负电荷之间隔一层绝缘体，比如玻璃，或者空气，一个导体上的电荷就不会跑到另一个导体上去，除非连接两个导体，使电荷释放（放电），否则电荷将储存在两个导体上。根据这个原理，法拉第制成了储存电荷的电容器。

法拉第在电学研究方面取得累累硕果，这些重要的发现，直到今天还是中学物理课的主要内容。在地球的每个角落，几乎没有哪个中学生不知道法拉第的名字。

第四节 拒绝年金

法拉第的杰出成就，使他成为举世瞩目的大科学家，人们从四面八方向英国皇家学会投来尊敬的目光，荣誉和鲜花接踵而来。牛津大学授予法拉第名誉博士学位，皇家学会授予他科普莱奖，法国科学院邀请他去做演讲。

但是并不是所有的人都知道，法拉第的成就是在十分艰苦的条件下取得的。由于皇家学院的财政一直比较窘迫，法拉第的薪水，除了住房和燃料外，长期以来每年只有1000镑，而且有时还不能如数支付。对于清贫的生活，法拉第倒是从不计较。有一段广为流传的趣事，也足以表明法拉第的高尚人格。

那是1835年，大概连政府也感到科学家的待遇太低，英国内阁首相罗伯特·皮尔建议设立一种年金，奖励在科学或者文学上有突出贡献的人。

而在此以前，年金只有政治家、军事将领才有资格得到。新设的年金中，有一项就准备授予法拉第。皮尔首相很赏识法拉第的卓越成就，他曾对人说："我相信，在活着的学者当中，没有一位比法拉第先生更有资格得到政府的关照。"

法拉第知道这个消息以后，马上给首相写了一封信，信中他表示自己可以自食其力，坚决拒绝这笔年金。

这封信在寄出之前被朋友们拦下了，大家觉得这样做不仅有些失礼，而且他的物质生活境况确实并不如意。他们劝法拉第收回这封信，接受这笔年金，但是法拉第执意不肯。

在事情最终决定以前，由于保守党内阁倒台，皮尔首相离职，由另一位名叫梅尔本的勋爵继任首相。

一天，新首相亲临皇家学院视察，邀请法拉第在办公室面谈。在大家的竭力劝说下，法拉第应约前去。这位勋爵是自由党人，对法拉第并不了解，而且说话也毫无顾忌，言谈中流露出对科学技术人员的轻视。他认为年金对文臣武将来说是受之无愧的,对科学家或者作家来说,那就算是一种极大的恩惠了。

法拉第听到这番话,感到是对科学的一种侮辱。他本来就不愿意来,大家硬叫他来,结果却受到侮辱。他立刻结束谈话,告辞回家,弄得这位勋爵大人一时摸不着头脑。

当天晚上,梅尔本勋爵收到法拉第的一张便条,措辞简短而坚决,大意是"既然这样,恕难接受恩惠"。勋爵读完便条,才知道他"得罪"了法拉第。起初他还觉得好笑,等事情传开以后,才感到问题的严重。

这时,一位同双方都相识的贵夫人看到首相大人下不了台,于是出面调解。她同法拉第交谈了几次,婉言劝他收下年金,但是法拉第态度坚决,执意不收。调解人费尽唇舌也无济于事,最后只好问法拉第,究竟要梅尔本勋爵怎样做,才能使他满意。法拉第回答说:"除非他向我书面道歉。不过,这一点我既没有权力也没有理由要求他做到。"

第二天,首相亲笔写的道歉信居然被送到了法拉第的面前,措辞坦率而客气。事情至此,这场"年金事件"才算圆满解决。

圣诞节前夕,政府宣布授予法拉第一项特别年金,每年 300 镑,以表彰他对英国科学事业的特殊贡献。

那年的圣诞节充满了狂欢的气息,伦敦的大街小巷灯火辉煌，歌声不断。圣诞节过后不久，一家时报登出法拉第的照片，标题用的是醒目的黑体字：名师高徒，后来居上——迈克尔·法拉第教授即将被授予爵士称号！文章还对"未来的贵族法拉第爵士"进行了一番绘声绘色的描写，说他喜欢饮香槟酒，爱唱乡村俚曲，绘画天赋超过他的物理才能云云。

  法拉第看到报纸，只是一笑而过。他的朋友们却坐不住了，有的跑来打听消息是否属实，有的还捧着香槟前来祝贺。

  法拉第仍然报以淡淡一笑。

  "没有的事！"他说，"再说，我干吗要当爵士呢？"

  但是传闻很快得到证实。有确切消息传出，皇室的确考虑要封法拉第为爵士。按照英国皇室的传统，他们会授予杰出人物以贵族称号，从牛顿至戴维，都曾获此荣耀。凭法拉第的贡献和声望，他是当之无愧的。但是当内阁几次派人来说明此意时，法拉第都婉言谢绝了。他答复说："我以生为平民为荣，并不想变成贵族。"这是法拉第与其恩师戴维很大的不同。戴维以受封爵士为荣，并且喜欢到处用爵士衔签名；法拉第却拒绝了贵族称号，他永远是一位来自平民而又造福平民的科学家！

第五节 疯狂工作

1841年的春天悄悄地来到伦敦。

法拉第推开实验室的窗户，深深地吸了一口气，然后打开一本蓝皮册子，写下了当天实验的记录和编号。他的脸上已经出现了皱纹，两鬓也有些灰白了，只有那双灰褐色的眼睛还是和青年时代一样，闪烁着平和的光芒。

是啊，在不断地探索和发现中，又一个10年过去了。这10年间，法拉第的电学实验研究成果辉煌，他超过了同时代许多著名的科学家，包括他的导师戴维和法国的安培，因此，有人称法拉第为"先知先觉"，甚至说他"可以闻出真理来"。法拉第听到这些赞誉之词，都是淡然一笑。凡是他的同事和最亲近的人都知道，法拉第的每一项发现背后凝结了他多少心血，花费了他多少艰苦的劳动。他工作起来有一种永不服输的劲头，有时候近于疯狂。特别是在做实验的时候，法拉第可以忘掉一切。当初一个13岁的订书学徒，就在小阁楼上建造了自己的实验室，可以说这近乎一种天性。只要站在实验桌旁，法拉第就像短跑运动员站在起跑线上一样兴奋不已，勇往直前。而且每一次实验，他都要作详尽的记录，那一本本厚重的实验日记，为后世留下了宝贵的科学财富。

　　法拉第不爱名利与金钱，却很珍惜时间。在他看来，一切财富中，时间是最宝贵的。为了潜心于实验研究，他几乎谢绝了一切社交活动，凡是与实验无关的事，诸如皇家酒宴、名人采访、开业剪彩等等，他统统婉拒。剧场他去的次数也少了，朋友间的应酬，也减少到最低程度。他把每一分钟都用在了工作上。法拉第这种不知疲倦的拼命精神，常常令他的夫人萨拉担忧。由于长期在阴湿的地下实验室里紧张地工作，加上操劳过度，法拉第患上了风湿病和严重的神经衰弱症，他经常腰背酸痛，脑袋发晕，最后终于病倒了。1841 年的夏天，在医生的一再警告下，法拉第离开英国，在夫人萨拉的陪伴下到瑞士休养。他的内弟乔治夫妇也陪同他们前往，乔治那时已是一名颇有才华的画家，20 年前他曾亲眼观看过法拉第的电磁转动实验。

　　这是法拉第第三次出国旅行。6 年前他曾去瑞士短期度假，并见到许多老朋友。第一次出国则是 28 年前跟随戴维的欧洲之旅。欧洲大陆沿途的自然风光，仍像当年一样使他心旷神怡。故地重游，景色依旧，科学却已经大踏步前进了。

　　他们这次旅程取道德国的科隆，再换乘轮船沿莱茵河逆流而上。两岸景色宜人，法拉第情绪颇佳，信手写下一些随笔，记下自己的感触。无论是飞鸟、鲜花还是海浪，都能激起他的灵感，甚至地里的一只青蛙也会引起他的关注。在奥芬堡，法拉第同萨拉一起在公墓散步，心情也很愉快。他在日记中写道：

> 墓前竖立的小小的墓标，也都是令人愉快的。穷人没有能力建立雕刻铜碑，甚至连树立一块刷油漆的匾也办不到，只好用钢笔将亲人的生卒日期写在小纸片上，贴在木板上，再用一根木杆竖立在墓前，顶上加一个小盖以保护纸片。这是多么简单的一种纪念！然而大自然却在这简单的纪念上添加了她的哀悼！

法拉第在字里行间流露出对下层人民的深切同情。

站在大瀑布前，法拉第观赏泡沫上出现的彩虹，他的思绪又飞驰起来。他写道：

> 天气晴朗，映出的彩虹从不同角度看都异常夺目。尤其有一条彩虹出现在倾泻而下的瀑布脚下，最为快意。虽然水花露珠左冲右突，穿过彩虹带，迸射岩壁，但是彩虹并未挪动一步，活像信仰坚定的人，虽在百感交集之时，也能站稳脚跟，安然不动，总是抱着满怀的希望，守住那块岩石。至于那些四处飞溅的水花，看夫似乎要将一切携卷而去，其实使彩虹再现并且使她更加美丽的，正是这些水花。

法拉第在这里勾勒出了一幅壮观的风景画，又透射出哲理的光芒。其实他自己就是彩虹的写照。

在休养期间，法拉第还特别喜爱登山远足。瑞士的气候很适合他——清新的空气，湛蓝的天空，还有秀丽的湖光山色，使这位科学猛士暂时忘记了疲劳。这是巨人的小憩，稍事休整之后，他将去攀登最后一座高峰。

这次疗养，对法拉第恢复健康有明显的好处。但是由于 10 年的积劳，他实在是太累了，保健医生不允许他恢复工作，法拉第的研究中断了整整 4 年。1845 年春天，法拉第的身体完全康复了，他重新回到自己心爱的实验室工作中，这时他已经是 54 岁的老将了。按照一般说法，一个科学家最能够出成果的年龄是在 25 岁到 45 岁之间，他的黄金时代看似已经过去。

但是事实恰恰相反，法拉第一生最重要的成就，就是在这个时期完成的。年龄并不是科学发明的决定因素，关键在于永远保持充沛的斗志和孜孜不倦的探索精神。

第六节　磁致旋光效应

法拉第克服了疾病的困扰，向电磁学领域的最高峰继续攀登。

法拉第很早就坚信，光和电磁现象有内在联系。当时电磁理论还没有建立起来，能够有这样天才的设想，实在令人惊诧。这大概要归功于他的科学信念和哲学思想。法拉第有一个坚定不移的信念：他确信世界是统一的、和谐的，无论是电、磁、光、热还是引力，都存在着密切的联系。电和磁的统一已经得到证实，那神秘莫测的光呢？当年法拉第跟随戴维游历意大利时，观看过一位名叫莫里契尼的意大利科学家做的实验。莫里契尼用一个硕大的凸透镜，把阳光聚焦到一枚钢针上，想借助太阳的力量使钢针磁化。实验虽然没有成功，但是这位名气不大的莫里契尼给青年法拉第留下了深刻的印象。事隔30年，此事仍然历历在目。

法拉第决心寻找电磁现象与光之间的关系，他采用的是他最擅长的办法——实验。

首先，他用电解质（酸、碱、盐的水溶液）来实验。法拉第把这些透明导电的电解质放在两个电极之间，给电极加上很高的电压，然后让一束偏振光通过电解质，结果电场对偏振光并没有产生什么影响。实验失败了。法拉第把导电的电解质换成不导电的电解质，诸如松脂、水晶、冰洲石等等，全都没有成功。

事实上，电场对光的影响是存在的。也许是因为法拉第的实验条件没有到位，所以实验没有成功。他所预言的效应，30年后由英国物理学家克尔发现了。

法拉第的信念，并不因这些失败而动摇。

他另辟蹊径，决定改用磁场做实验，试图证实磁对光的影响，这样就能证明莫里契尼未能实现的推断：光和磁有联系。

法拉第把一块玻璃放在电磁铁的两极之间，然后用一束偏振光沿着磁力作用的方向透过玻璃。遗憾的是，这样并不能发现磁场对透过玻璃的偏振光有什么影响。法拉第把玻璃换成许多种其他透明体来进行实验，也都没有结果。

光是一个神秘的机灵鬼，要逮住它没那么容易，连牛顿这样的科学巨匠，当年不也被它捉弄过吗？但是牛顿最终还是成功了：他用三棱镜制服了这个小家伙，把白光分解成美丽的七色光。

"也许我也需要一个秘密武器。"法拉第思索着。他在实验室里来回踱步，无意中发现屋角搁着一块长方形重玻璃，那是他15年前试制的产品，一直闲置着，从来没有用过。重玻璃是光学玻璃的一种，由于玻璃中掺有铅，所以折射率很大。

法拉第把这块重玻璃放在电磁铁的两极之间，然后用一束偏振光沿着磁力作用的方向透过玻璃，光线在磁力的作用下，振动面果然偏转了一个角度！由于重玻璃的折射率大，这种偏转被检测出来了。法拉第反复实验，得到同样的结果。磁力越强，偏转角度越大，这就是著名的磁致旋光效应，是法拉第对电磁学的又一重大贡献。这个发现的时间是1845年9月13日。

法拉第在实验日记里写道：

  这样一来，磁力和光之间有联系就得到了证明！这个事实对于这两种状态的自然力的研究，很可能具有巨大的价值，由此也可能产生极其丰硕的成果。

这一成功对法拉第有很大启发，他又回过头，把几年前研究过的各种介质放到两个电磁之间做同样的实验。他的设想是：其他物质也应该和玻璃有相同的反应。他使用的是一个比以前强大得多的电磁铁。

令法拉第意想不到的是，在实验过程中他发现了一个新奇的现象。他把一根玻璃棒放进磁铁两极间，玻璃棒居然表现出对磁力作用的反抗，停在与磁力垂直的方向上。这就表明：磁不但对磁性金属有作用，对其他材料也有作用，不同的只是前者与磁力方向相同，后者与磁力方向相反。

法拉第又惊又喜，他马上将玻璃棒换成一根铜棒进行实验，铜棒也停在与磁力垂直的方向上。他又用木块代替铜棒，结果也一样。这是多么奇妙的发现啊！他把身边所有的东西都放进两个磁极之间一一进行实验，发现全部物质对磁力都有反应，其中大多数表现为抗磁性。

法拉第全神贯注地做实验，连吃晚饭的时间也忘记了。妻子萨拉只好把晚饭送到实验室来。她推开实验室的门，发现法拉第正在一堆杂物中忙着，眼里不由流露出温和的责备，催促他赶快吃饭。法拉第见她从篮子里拿出面包和牛排，十分高兴。萨拉还没有反应过来，法拉第已经把面包用一根细线悬挂起来，放到两个磁极之间。面包像被施了魔法一样，一动不动地停在磁力交叉的方向上。法拉第朝着妻子眨眨眼睛，笑了笑，又用牛排做实验，得到的是同样的结果。萨拉看着他的表演，简直哭笑不得。实际上，依据法拉第当时的心情，如果不是因为磁铁不够大，恐怕连他的夫人也会被吊起来，送进磁极之间去检验一番，因为他确信人体也是反磁体。

第七节 "场"的概念

　　由于磁致旋光效应和抗磁性这两项重大发现，1846年法拉第荣获伦福德奖章和皇家奖章。据说在英国皇家学会的历史上，很少有人同时得到这两枚奖章，连戴维也没有获得过这种殊荣。法拉第的天才和成就，给他带来了很高的声誉。但法拉第关心的不是荣誉，而是科学理想。

　　磁致旋光效应和抗磁性的发现给了法拉第很大的启示，一个崭新的思想终于脱颖而出！

　　当时，"超距作用"的观念很流行，牛顿曾经为超距观念苦恼过，但是最终他还是采用了超距的说法。100多年来，牛顿力学成了物理学的主宰，"超距作用"的观念不但支配了天体力学，也影响到电磁学。牛顿的影响实在太大了！科学家们普遍认为，力的传递（包括电力和磁力）是即时而超距的，也就是说，不管传递多远都不需要时间，一个电荷或者磁极周围的空间，除了距离以外，一无所有。连法国的电学大师安培、库仑，也支持这种观点。库仑曾于1784年发现电荷间的相互作用定律，这个定律后来被称作库仑定律，库仑定律的形式和牛顿万有引力公式完全一样：与电量大小成正比（万有引力中是质量），与距离的平方成反比。

从一开始，电学就理所当然地被纳入牛顿力学的范围内。奥斯特发现电流的磁效应后，擅长数学抽象的法国人又很快把这一发现上升为定量的公式：两位法国物理学家比奥和萨伐尔提出他们的定律，确定了放在电流周围的磁针所受到的磁力大小与电流强弱成正比，与电流到磁针距离的平方成反比——这又是万有引力的模式。后来安培提出分子电流的假说，进一步发展了比奥—萨伐尔定律，建立起安培—比奥—萨伐尔定律。这个定律成为电磁学的基本定律。法国科学家的成功，使牛顿力学对电磁学形成了统治地位。"超距作用"的观念，由于牛顿的原因，自然成为流行的观念。

法拉第并不人云亦云。他很佩服法国同行们的成功，但对他们的思路却不愿盲从。法拉第从自己的大量实验事实出发，对"超距观念"提出了质疑，他相信"物质到处存在，没有不被物质占有的中空地带"，因此电力和磁力不能凭空传递。这个思想，法拉第酝酿了十几年，在没有找到充分的实验证据以前，他不愿意草率地宣布自己的科学假设。

摧毁旧学说需要新的武器，法拉第现在终于找到了这种武器，那就是"力线"概念。

法拉第把铁粉撒在磁铁周围，铁粉立刻呈现出有规则的曲线——从一个磁极到另一个磁极——连续不断。法拉第把这种曲线称为力线。他进一步用实验证明，这种力线不只具有几何性质，同时具有物理性质，导线里感应电流的大小，完全取决于导线切割磁力线的数目，而同导线的移动位置无关。换句话说，磁力线越密的地方，磁的强度越大。用这种全新的眼光来观察，电荷或者磁极周围的空间不再是一无所有，而是布满了向各个方向散发出去的力线，电荷或者磁极就是力线的起点。从这一事实出发，法拉第在物理学上首次提出了"场"的概念。他把布满力线的空间称作磁场，而磁力就是通过连续的场传递的。牛顿力学"超距作用"的神圣殿堂就这样被动摇了！

法拉第力线观念的建立，看起来不像发现电磁感应那样富于戏剧性，然而它在电磁学上的意义却是深远的。这是经过深思熟虑的结果。早在1832年，也就是法拉第发现电磁感应的第二年，他在写给皇家学会的一件密封函里就阐述了这一天才的设想。这件密封函题为"新观点"，内容如下：

  前不久我在皇家学会宣读了有关电学实验研究的两篇论文，论文中介绍的研究成果以及由此产生的一些观点，同其他想法和实验联系起来，使我得出一个结论：磁作用的传播需要时间，也就是当一块磁铁作用于另一块远处的磁铁或者一块铁时，产生作用的原因（我认为可以把它叫作磁场）是逐渐地从磁体传播出去的。这种传播需要一定的时间，而这个时间显然是非常短的。

  我还认为，电感应也是这样传播的；磁力从磁极向外传播类似于水面的振动，或者像声音传播的空气振动。也就是说，我倾向于认为，振动理论可以用于电和磁的现象，正像它适用于声音，同时也很可能适用于光。

  我希望用实验来证实这些观点。但是由于我的许多时间用于公务，这些实验可能向后拖延，实验本身也可能成为他人的观察对象。所以，我希望，通过把这封信送交给皇家学会收藏，可以用一个确定的日期来给自己保留这个发现。这样，当从实验上得到证实的时候，我就有权声明，在这一确定的日期，我已经有了这样的发现。据我所知，现在除了我以外，科学家中还没有人持类似的观点。

迈克尔·法拉第
1832年3月12日于伦敦皇家学会

法拉第的这件密封函,在皇家学会的文件柜里沉睡了100多年,直到1938年才被后人发现启封。在这封信中,法拉第预言了电感应和磁感应以波的形式向外传播,暗示了电磁波存在的可能,他还以非凡的洞察力预见了光可能是一种电磁振动的传播。

　　这真是天才的预言!它像一颗夺目的钻石,即使埋在尘埃里也藏不住耀眼的光芒。连法拉第本人也感觉到这一点,他谨慎地沉默了14年后,再也忍不住了,密封函里的"新观点"终于脱颖而出。

　　1846年,法拉第根据力线这一崭新的思想,明确提出了光的电磁学。他在《哲学杂志》上发表了论文《关于辐射线振动的思考》,这是法拉第全部科学著作中的瑰宝,它的光彩直到若干年以后才被人们发现。在这篇论文里,法拉第定性地提出,电力线和力线的振动就可以产生光和其他辐射现象。一个革命性的、使人耳目一新的学说就这样诞生了。

第八章

老骥伏枥

法拉第的发现和理论对后世产生了诸多影响，也影响了许多人，其中便包括汤姆生、麦克斯韦。虽然法拉第在电磁学方面有突出贡献，但他为人仍然质朴、谦虚，甚至不愿担任英国皇家学会的会长，他愿意永远做一个平常的人，只做对公众有益的事情。

第一节 汤姆生

俗话说,高处不胜寒。许多伟大的科学预言,在提出的最初都被人当成奇谈怪论,很难找到知音。法拉第的新思想,由于缺乏严密的论证,开始时也引起许多研究者的怀疑。

但是有两位年轻有为的英国物理学家被法拉第的新颖观点所吸引,他们一个是格拉斯哥的威廉·汤姆生,也就是后来著名的开尔文勋爵,另一个是剑桥大学的麦克斯韦。

汤姆生是一个神童,他10岁就进入格拉斯哥大学预科学习。在校期间,汤姆生发表了一系列科学论文,内容涉及数学、热力学和电学。17岁那年,他把电力线和磁力线同热力线加以类比;18岁时,他接触了热传播的不可逆性。在研究这些问题的时候,他娴熟而巧妙地运用了很多新的数学定理。

汤姆生20岁从大学毕业,他首先选择了电磁学作为进军的目标。虽然热力学也在他的考虑范围里,但是自从法拉第在1831年发现电磁感应以后,探索电磁的奥秘就成了很多科学家感兴趣的课题,汤姆生也被吸引住了,这个高才生早在儿童时代就被电学迷住了。他很羡慕法拉第的成就，尤其是对法拉第关于电力线和磁力线的思想很感兴趣。汤姆生掌握了数学工具以后，更觉得电磁学是个能够大有作为的领域，他便跃跃欲试。

汤姆生的父亲却一心要汤姆生竞争教授席位。当时，英国北部的格拉斯哥大学有位德高望重的物理学教授要退休，他的父亲非常希望他能够接替这个职位。按照当时的传统，必须要对物理学有实践经验的人才有资格任职。为了达到这个目的，父亲特意安排汤姆生去巴黎留学，给物理学家雷尼奥当研究生。雷尼奥是搞热力学的，曾经接受法国政府的委托，测定过比热常数。汤姆生一边跟他学习，一边给他当实验助手，在热力学研究上得到了不少启发。但是他当时还是将主要精力放在了电磁学上。他在巴黎只逗留了四个多月，写了一篇很有见地的电学论文发表在法国的数学杂志上。这家杂志的主编很赏识这个英国青年，给了他不少鼓励。汤姆生的论文根据光学倒影原理，论述了静电感应的电荷分布，这是很有价值的想法；更不简单的是，他还提出可以用数学方法来分析法拉第的电磁感应现象，他这个与众不同的思想比麦克斯韦要早10年。

1845年初夏，汤姆生从法国回到剑桥大学，参加了英国科学协会的会议。出席这次会议的都是世界著名学者，包括法拉第、焦耳这样一些世界一流的大科学家。相比之下，21岁的汤姆生不过是个孩子。但是他不迷信权威，在会议上大胆地阐述自己的见解。

这个英俊的年轻人有些紧张地站在讲台前介绍自己对电磁学的研究。他的脸颊因为兴奋而微微发红，声音也不由自主地提得很高。汤姆生在会议上宣读的论文，是根据自己发表在数学杂志上的那篇文章修改的。当他谈到法拉第的磁力线可以用数学公式来表示，谈到他发现的光线在两块不同电荷的玻璃片之间发生极化现象时，在会场上引起了一阵热烈的讨论。

当汤姆生回到自己座位的时候，旁边一位衣着简朴、态度和善的学者转过脸对他说：

"小伙子，你谈得不错啊！"

"先生过奖了！"汤姆生有些不好意思。

"我也一直在思考这个问题。"那位学者坦率地说。

"请问先生尊姓大名？"汤姆生很有礼貌地问。

"迈克尔·法拉第。"汤姆生想不到同自己谈话的竟是法拉第！汤姆生顿时肃然起敬。法拉第从皮包里取出自己撰写的一本电学专著《电学实验研究》送给汤姆生，建议他抽空读一读。接着，他们的话题又回到论文上。汤姆生向法拉第请教：为什么光束通过带电介质会发生极化现象？法拉第解释说，这个问题很不简单，他几次想用《电学实验研究》来验证，结果都没有取得成功。

"但是我相信，发生电感应现象的时候，介质一定是处在某种特殊状态中的。"法拉第坚定地说，并且表示要继续攻克这个难题。

汤姆生当时很想提出同法拉第合作,但是他犹豫了一下,没有把话说出口。法拉第那时已经54岁,久病初愈,刚恢复研究工作。他虽然赏识汤姆生的才能,但也没有想到这个21岁的年轻人会是最理想的助手。所以,尽管他们探索的目标是共同的,特别是汤姆生又精通数学,却失之交臂,没有能够携起手来。这是十分令人惋惜的。

此后,汤姆生有好几次想把自己对电磁学的研究总结成理论性的东西,但是都失败了。他有一个缺点:不善于吸取别人的长处。他对法拉第虽然很敬重,却从没有系统地读过《电学实验研究》。对于其他人的著作,他当然就更少理会了。有人后来说,他在40年里没有认真地读过一本书,这话虽然有些夸张,但是也说明了汤姆生的不足。他在实验中的一些发现,有的确实闪耀着天才的光芒,有的却是重复了别人早已发现过的事实。

1846年11月1日,汤姆生正式担任教授职务。他还是悉心研究电学,而且有很大进展。法拉第那年从剑桥大学回伦敦后,做了大量实验,研究光的极化,当年就获得突破。这就是之前提到过的有名的磁致旋光效应。消息传来,汤姆生很受鼓舞。在法拉第实验的启发下,汤姆生进行了反复研究,他用数学方法进行分析,对电磁力的性质做了进一步的探究,还试图用数学公式把电力和磁力统一起来。这确实是一个天才的思想。

汤姆生把研究成果写成了一篇论文。那时,他当教授才半个多月,论文完成的时间是 1846 年 11 月 28 日。汤姆生在当天的日记里写下了这样一段话:"上午十点一刻,我终于成功地用'力的活影像法'来表示电力、磁力和电流了。"

实际上,他已经走到了电磁理论的边缘,只要再向前行进一步,就能够发现真理。遗憾的是,汤姆生在这里停下了脚步。他也许朦胧地感觉到了曙光就在前面,但是却缺少那种坚忍不拔的精神。汤姆生在笔记里匆匆地写下这么几行字:

> 假使我能够把固体对电磁和电流有关系的状态重新做一番更特殊的考察,我就会超出现在所知道的范围,不过那是以后的事了。

可惜他后来没有把这个研究进行到底,因此,建立电磁理论的桂冠,只好被麦克斯韦摘得了。

第二节 麦克斯韦

麦克斯韦生于 1831 年 11 月 13 日,那一年,法拉第正好发现了电磁感应,是电学史上值得纪念的一年。麦克斯韦的父亲是位热衷于技术和建筑设计的律师,他对麦克斯韦的一生影响很大。少年麦克斯韦的天赋同汤姆生不相上下。麦克斯韦还不满15岁时就撰写了一篇数学论文,发表在《爱丁堡皇家学会学报》上。一个最高学术机构的学报刊登一个孩子的论文是极其罕见的。在大学时期,麦克斯韦开始自己搞研究,选题范围涉及光学、电化学和分子物理学三个领域。这些都锻炼了他独立思考的能力。

1854年,23岁的麦克斯韦大学毕业,留在母校剑桥大学任教。说起来汤姆生算是他的同门师兄,因为他们的数学老师都是剑桥大学最著名的数学家霍普金斯教授。起初,麦克斯韦研究的课题是光学里的色彩论。不久,他读到了法拉第的《电学实验研究》,被书中新颖的实验和独到的见解所吸引。当时学术界对法拉第的学说看法不一,有不少非议,主要原因是"超距作用"的传统观念影响还很深,牛顿力学的大厦动摇了,但是并没有坍塌;同时,也由于法拉第的学说在理论上还不够严谨。作为实验大师,法拉第是无人能比的,但是由于没有受过正规的高等教育,他的数学功底不深,他的创见都是用直观的形式表达的,一般的理论物理学家都不承认法拉第的学说,认为那些不过是一些实验记录。一位天文学家就公开宣称:"谁要是在精确的超距作用和模糊不清的力线观念之间有所迟疑,谁就是对牛顿的亵渎!"剑桥大学的学者们意见也有分歧,其中最有见识的要算威廉·汤姆生了。在麦克斯韦毕业前一年,汤姆生发表了一篇题目为《瞬变电流》的论文,指出莱顿瓶的放电有振荡性质。麦克斯韦看到论文后十分钦佩，他特地写信给汤姆生，向他请教一些研究电学的门路。汤姆生后来没有把电磁研究坚持到底，但是，他把自己的体会毫不保留地告诉了麦克斯韦。

麦克斯韦受这位先行者的启示，相信法拉第的学说中蕴含着真理。他在认真研究了法拉第的著作以后，领悟出力线思想的宝贵价值，也看到了法拉第定性表述的弱点。这个初出茅庐的青年科学家决心用数学来弥补这一点。

一年以后，24岁的麦克斯韦发表了《论法拉第的力线》，这是第一篇关于电磁学的论文。在论文中，麦克斯韦通过数学方法把电流周围存在力线这个现象概括成一个高等数学里的矢量偏微分方程。这位后起之秀接过了伟大先驱者法拉第手里的火炬，开始向电磁领域的制高点攀登。

《论法拉第的力线》这篇论文，虽然基本上是对法拉第力线概念的数学"诠释"，却是十分重要的一步。因为麦克斯韦一开始就使用了数学方法，而且选定了法拉第学说的要点——力线思想作为自己研究的起点。这表明麦克斯韦的科学洞察力确实非同一般，他认准了主攻方向，就坚定不移地研究下去。这一点，是他比汤姆生高明的地方——汤姆生已经触碰到真理的边缘，却迟疑不前；麦克斯韦抓住了真理，便锲而不舍——所以麦克斯韦尽管起步稍晚，却最终第一个登上了光辉的顶峰。

正当麦克斯韦的研究显露曙光的时候，一桩不幸的事打断了他的计划。由于父亲得了重病，麦克斯韦离开剑桥大学，去离家较近的阿伯丁任教。他的电磁研究停顿下来。

1860年初夏，麦克斯韦任教的学院因故停办了物理学讲座，28岁的麦克斯韦离开阿伯丁，到伦敦皇家学院任教。这次工作变动是麦克斯韦一生事业的转折点。

麦克斯韦在阿伯丁的四年里，一直有一桩心事，就是想用数学公式表达法拉第的学说。他的这个愿望，1855年只开了个头就暂停了。即使在搞其他课题研究时，只要见到有关电磁学方面的文章，他都会密切地关注。麦克斯韦经常给法拉第写信，同这位大科学家探索电磁的奥秘。他的案头一直摆着法拉第的《电学实验研究》，每次打开这部辉煌的巨著，他的情绪就十分激动。法拉第，这位他当时还没有见过的伟大科学工作者，给物理学描绘了一幅多么形象的图画啊！电、磁、光、力线、波动……在它们背后隐藏着什么规律呢？

麦克斯韦到伦敦后特地去拜访法拉第，这是令人难忘的初次见面。青年物理学家麦克斯韦递上名片，不一会儿，法拉第面带微笑地走了出来。这位实验大师已经年近七旬，两鬓斑白，他同麦克斯韦一见如故，亲切地交谈起来。

法拉第四年前曾称赞过《论法拉第的力线》这篇论文，他没想到论文的作者竟这样年轻。当麦克斯韦征求他对论文的看法时，法拉第说："我不认为自己的学说一定是真理，但是你是真正理解它的人。"

据说麦克斯韦请求法拉第指出论文有何不足之处，法拉第称赞这是一篇出色的论文。"但是，你不应该停留在用数学来解释我的观点，"这位大师沉思道，"你应该突破它！"

法拉第的话像一盏指路明灯，照亮了青年物理学家麦克斯韦前进的道路，他马上以最大的热情投入新的探索中。

1862年，麦克斯韦在英国《哲学杂志》4卷23期上，发表了第二篇电磁学论文——《论物理学的力线》。这是一篇划时代的论文，它同1855年的《论法拉第的力线》相比，有了质的飞跃。这篇论文不再是法拉第观点的单纯的数学解释，而是有了重大的引申和发展。其中具有决定意义的一步是引入了"位移电流"的概念。麦克斯韦分析了法拉第对电解质的研究以后，确认在电场变化着的电解质中也存在电流，他把这称为"位移电流"。另外，他还计算出这种电流的速度恰好等于光速。这个惊人的"巧合"中，包含着神奇而伟大的内在联系。

从理论上引出位移电流的概念，确实是电磁学上继法拉第电磁感应以后的一项重大突破。根据这个科学假设，麦克斯韦推导出两个高度抽象的偏微分方程式，这就是著名的麦克斯韦方程式。根据这两个方程揭示的规律，不但变化着的磁场能产生电场，而且变化着的电场也能产生磁场；凡是有磁场变化的地方，它的周围不管是导体或者电解质，都有感应电场存在。经过麦克斯韦的总结，电磁现象的规律终于被他用毋庸置疑的数学形式揭示出来。电磁学到这时才开始成为一种科学的理论,而法拉第,则是这座理论大厦的开创者与奠基人。

1864 年,麦克斯韦发表了第三篇电磁学论文——《电磁场动力学》。在这篇论文中,麦克斯韦方程的形式更加完善,他由此推导出电场和磁场的波动方程。根据计算,这个"波"的传播速度,也正好等于光速。直到这时,电磁波的存在是确定无疑的了!麦克斯韦因此大胆推断,光也是一种电磁波。法拉第当年关于光的电磁理论的初步猜想,就这样被麦克斯韦变成了科学的理论。

历史记载了这个辉煌:23 年以后,德国青年物理学家赫兹用实验发现了电磁波,证明了麦克斯韦的理论。法拉第当年的伟大预言,经过几代人的不懈努力,终于变成确凿无疑的现实。可惜的是,法拉第没有亲眼看到电磁理论的胜利,麦克斯韦也没有看到这一天。

第三节 平常的法拉第

法拉第经过一生的努力,终于为人类开辟了一个全新的知识领域。他一生总结性的著作是《电学实验研究》。有趣的是,在这部巨著中,几乎找不到一个数学公式。人无完人，无论是政治伟人还是科学巨匠，都不可能是十全十美的，法拉第的短处是数学知识不足，但是这个短处后来由他的学生麦克斯韦弥补了。也许是缘分，麦克斯韦遇到法拉第，最终完成了电磁理论大业。说起来，汤姆生同法拉第算是有缘无分了，他们相遇又错过，各自走完了自己的人生轨迹。

由于对电磁学的巨大贡献，法拉第在晚年获得了全世界的敬重。各国授予他的奖章、荣誉称号像鲜花一样繁多。据统计，法拉第一生得到各国授予的荣誉头衔多达 97 个。据说，几乎欧洲每所大学和科研机构都赠给他学位证书，还有很多金质奖章。法拉第把这些金质奖章放进匣子里就不再过问了，对于学位证书他却很自豪，每一份都要让夫人萨拉瞧瞧。由于自幼家庭贫困，法拉第没有机会接受正规教育，但他凭着自己的勤奋获得了伟大的成就，得到了全世界最高学府的承认。

法拉第坚忍不拔的精神和质朴无私的人格令许多人倾倒。著名科学家、作家都以能和他结识为荣。和法拉第同时代的法国作家大仲马曾经这样称赞他：

> 我不知道是否会有一个科学家能够像法拉第那样，遗留下许多令人景仰的成就，慷慨当作赠予后辈的遗产而不自满……他的为人异常质朴，爱慕真理异常热烈；对于各项成就，满怀敬意；别人有所发现，力表钦羡；自己有所得，却十分谦虚；不依赖他人，勇往

直前。所有这些融合起来，就使这位伟大物理学家的高尚人格，添上了一种罕有的魅力。

1857年，英国皇家学会会长洛特斯雷勋爵辞职，皇家学会一致推选法拉第当会长。根据当时法拉第的贡献和声望，这个职位他是当之无愧的，他也是最理想的人选。朋友们都希望他能接受，并且认为只有他才能担得起这个最高荣誉。

法拉第很感谢大家的肯定，但是他表示自己不能接受。皇家学会派了几名代表前来游说，劝法拉第接受这个职位。代表中有前任皇家学会会长，还有法拉第的学生和朋友丁达尔。法拉第回答说："请允许我认真考虑一下，再做决定。"

次日一大早，丁达尔就到法拉第的家里去了。法拉第看见他的表情有些焦急不安，问他是什么原因。

丁达尔急切地说："法拉第教授，我深怕你已经做出决定，拒绝皇家学院代表提出的恳切请求。"

法拉第脸上露出和蔼的微笑："这么说，你是要强迫我担任会长这个职务喽！"

"是的，"丁达尔说，"这是你义不容辞的责任！"

"可是，亲爱的丁达尔，"法拉第说出自己的担忧，"领导皇家学会可不是一件马虎的事，依我的耿直秉性，不喜欢交际，又不善言辞，如果我真的当了皇家学会会长，搞不好会弄得大家都不愉快。"

"法拉第教授,这一点你大可放心,皇家学会的新生力量会全力支持你的。"

恰好这时,法拉第的夫人萨拉走了进来。

"萨拉,你来得正好,大家要推举我当皇家学会会长,你怎么看?"法拉第征询她的意见。

"我看还是不当为好,"萨拉笑道,"你单纯得像一个大孩子,当童子军队长可以,当会长不行。"

丁达尔极力反对萨拉的说法。

"夫人这是说笑话了!"他继续劝说道,"法拉第教授业绩突出,德高望重,如果由他出任皇家学会会长,一定会提高皇家学会和英国科学界的威信!"

法拉第温和地打断了丁达尔的话,考虑再三,他做出最后决定:

"丁达尔,我还是做一个平平常常的迈克尔·法拉第吧。现在我告诉你,假如我接受了皇家学会希望加在我身上的荣誉,就在一年内,我便可能无法保全我纯洁的知识了。"

法拉第一生不追求荣誉,他以一个铁匠的儿子为荣,他愿意永远做一个平常的法拉第。

第四节　善良热心的人

　　法拉第不追求虚荣，但是只要对公众有益的事情，他却从不拒绝。当初英国港务局请他当技术顾问，他尽管工作繁忙，还是愉快地答应了，并且几十年如一日，对灯塔的照明设施做了许多技术改进。

　　英国港口很多，灯塔一直使用油灯，烟雾重，气味难闻。灯塔工人长年在空气污浊的环境中工作，不仅熏得难受，还很容易患严重的头痛病。法拉第在皇家学院曾做过调节房间内部空气的工作，因为地下实验室需要经常通气，在这方面他很有经验。他成功地排除了灯塔里一些有毒气体，使塔站成为安全的地方。有人因此说，法拉第在空气调节研究方面也是个先驱者。灯塔还有一个问题，那就是每到冬季，常会蒙上一层很厚的霜冻，影响照明和视线。法拉第也想办法解决了。

　　每当法拉第看见灯塔在滨海暮色中闪亮的时候，心里就感到无比的愉快。

　　法拉第不但是一位伟大的科学家，也是一位热心的科普宣传家。法拉第担任皇家学院实验室主任后，继承戴维的传统，在讲坛上进行了一系列生动有益的科学演讲，这些演讲给皇家学院带来了声誉和不断的捐赠。

法拉第在皇家学院还发起了"星期五科学讨论会"。每到星期五晚上，他便组织邀请专家学者在皇家学院举行讲座和研讨，形式不拘，参加者可以携带亲属。讨论题目涉及各个科学领域，可以是最新的研究发现，也可以是信息交流，或者高水准的理论探讨。法拉第主持的这个周五科学沙龙，受到许多专家学者的欢迎，也给皇家学院带来可观的社会效益和经济效益。与会者中学力不足的，可以得到许多新的启发，学力深厚者可以把自己的研究和见解推广开来。法拉第曾经主讲过 100 多次"星期五科学讨论会"。法拉第每次主讲都很成功，他特有的风格是，表面上看去既简单又明白，只有和他相识多年的老友才知道他讲的内容是进行过深入研究的，并且不知道耗去他多少时间和心血。

法拉第深切体会过科学讲座对孩子们的重大影响，他在皇家学院还倡导了"圣诞节少年科学讲座"。从 1826 年开始，每年圣诞节放假期间便举办一系列科普讲座，每一次讲座都像过节一样热闹非凡，充满欢乐。家长们带着孩子蜂拥而至，连走廊里都挤满了听众。讲座的题目从化学、天文到电学，应有尽有。再深奥的科学道理，到了大师法拉第手中，都会变得那样生动有趣，那样简单明了，常常还包含着闪光的哲理。

这个"圣诞节少年科学讲座"，法拉第一讲便是 19 年，受到孩子和家长们的热烈欢迎,连维多利亚女王的丈夫阿尔伯特亲王,都慕名带着两个王子来听讲座。19 年间有多少少年儿童听过法拉第的讲座,已经无法统计。他们当中,许多人像当年的少年法拉第一样,爱上了令人类文明进步的科学事业。

1860 年圣诞节的系列讲座,法拉第一共讲了 6 次,后来由他的一位朋友替他编辑出版,名叫《蜡烛的故事》的书籍。这本著名的科普读物讲述了怎样制造蜡烛,蜡烛为什么会燃烧,燃烧以后到哪儿去了……内容妙趣横生。后来这本书被翻译成世界各国文字,直到 100 多年后的今天还深受欢迎。

在《蜡烛的故事》里,法拉第殷切地说道:

> 希望你们年轻的一代,能像蜡烛为人照明那样,尽自己所能,忠诚而踏实地为人类伟大的事业贡献自己的全部力量。

燃烧自己,把光明献给人类——这种蜡烛精神正是法拉第一生的写照!为了追求真理,推动文明的进步,法拉第默默地奉献出自己的每一分光、每一分热。不知不觉,皱纹渐渐爬满大师的眼角,他的鬓发由棕色悄悄变白,又变成银白,只有那一对灰褐色的眼睛,永远闪烁着温和、快乐的光芒。

第五节 生命不息

法拉第少年时就有一种乐观的天性，那个哼着小曲头撞栏杆的故事，就是一个缩影。法拉第一生都保持着这种孩子般的天真和快乐，始终怀着一颗童心。他对人真诚、和蔼、谦逊，一点也没有大科学家的架子。一些讲派头的学者在实验室工作时，都很注意自己的仪表，法拉第做实验时，一点儿也不讲究穿着，他常常不穿外衣，套一副袖套，腰间围着旧围裙，他觉得这样做实验既实用又方便。据说有几次，不认识他的人来实验室参观时，误把他当成了勤杂工，法拉第知道后丝毫不觉得尴尬和气愤，反而觉得有趣。

法拉第卓越的成就和高尚的人格赢得了世人广泛的尊敬，孩子们也很爱戴他。法拉第是一位虔诚的教徒，每个礼拜天，他都要和萨拉一同去教堂做礼拜。回来时，他们要经过同一条街，那些听过法拉第科学讲座的孩子，常常等在路旁向他问好。有的孩子鞠过躬后，又穿过小巷，抄近路跑在他们前面，再次向法拉第致敬。法拉第对此非常高兴，萨拉亲昵地称他为"童子军队长"。

法拉第夫妇一直住在皇家学院的楼上，过着简朴的生活。那两间屋子，自他们结婚起整整住了 37 年。1858 年，英国女王维多利亚将自己在伦敦汉普顿风景区的一栋房子赠给法拉第夫妇，法拉第在那里愉快地度过了晚年。

随着年龄的增大，法拉第体力渐衰，精神也不如从前了。几十年忘我地工作耗尽了他的精力，但是他仍旧坚持做电磁实验，他的实验记录簿还是整理得井井有条、清清楚楚，这常常需要他付出几倍的努力。法拉第发觉自己的记忆力也在衰退。有一次他做了一个实验，费了很大工夫，直到一个月以后他才发觉，这个实验他几个月以前已经做过了。

1862 年，法拉第已经是 71 岁的老人了，他做完了他人生中的最后一个实验。

实验日志上记下最后一个编号：16041。

这位科学巨匠的最后一个实验，是研究磁场对光源的影响。他设想强大的磁场可能会改变光源发射的光谱谱线。法拉第将不同盐类的火焰（不同的光谱谱线），放在巨型电磁铁两极之间，然后让火焰辐射的光通过偏振棱镜。受他当时采用的仪器所限，实验没有成功。但这个实验的推断，却表明这位电学大师非同一般的洞察力。

法拉第这个卓越的思想，在 30 多年以后由荷兰物理学家塞曼用实验证实。塞曼发现在强磁场中光源发射的谱线确实分裂成几条，这个规律后来被称为塞曼效应。

法拉第的实验工作完成了。他的最后一次演讲，也是在1862年举行的。这位科学巨人肩上的任务,一件一件地卸下了。

当时,英国皇家学院院长诺森伯兰公爵去世,皇家学院理事会决定推举法拉第出任院长。大家一致认为,像法拉第这样闻名遐迩的科学大师,50年前就进皇家学院做实验室助手,现在正当功成名就、誉满世界之时,由他出任这一名誉职位是最适合不过的了。

可是法拉第并不想做皇家学院院长,他婉言谢绝了同仁们的好意。在法拉第看来,朋友们对他的真挚情谊,比一切声名和职位都要宝贵。这就是"平凡"的法拉第!

丁达尔曾经满怀崇敬之情评价说:法拉第一点世俗的野心也没有。他曾宣布,出于对国家的义务,每年去宫中朝拜一次,除这一次之外,他不去和皇宫接近。他的精神生活和学术生涯已经很圆满,因此他对于世人竞相追逐的东西完全不在意。在他的眼中,皇宫的华丽和布莱顿高原上的雷雨比较起来算不了什么,皇家金灿灿的器具和落日比较起来更算不了什么!

第六节 安度晚年

法拉第的最后几年是在汉普顿别墅中度过的。他没有子女，陪伴他的是忠贞的妻子和一个侄女。他平常喜欢坐在窗下，眺望碧绿的草地、茂密的树林、整齐的农舍和变幻无穷的天空，闪电的壮观、落日的奇景，也能引起这位垂暮老人的兴致。

晚霞布满天际，一轮红日渐渐西沉。到别墅去拜望的朋友可以看见一位白发飘洒、衣着简朴的老人坐在门外，他的表情恬静，眼里含着快活的光芒。他很喜欢朋友们在他的身旁，他讲述自己的思想，还喜欢引用英国诗人格雷的《哀歌》。他的其余记忆渐渐消逝，唯有这首诗仍能记得很清楚：

晚钟响了，宛如逝去的白昼的丧钟，
牛群鸣叫，在草地上缓慢地移动着，
一个庄稼汉拖着疲倦的步伐走回家中，
把整个世界留给黑夜，留给我。

这位铁匠的儿子，横跨一个时代的科学家，一直到临终都对大自然和人民怀着深挚的热爱。他像一轮红日，把光和热洒向人间，为人类奉献，正静静地沉落。

落日是一首壮丽的诗，直到最后一刻，法拉第都保持着他那种乐观和豁达，他在一封给朋友的信中写道：

过去是无法追忆了，现在正期待着解脱，只有未来充满着光明和永生。

1867年8月25日,法拉第坐在书房的椅子上安详地离去了,终年76岁。这位伟大的科学家生前一向反对奢华的葬礼,遵照他的遗言,人们在伦敦北部的海格特公墓举行了简朴的仪式,只有他的亲人在场。这位铁匠的儿子坟前只立了一块小小的石碑,表示出这里是迈克尔·法拉第长眠的地方。

他给世人留下一句名言:

> 我爱铁匠铺,爱一切和铁匠铺有关系的东西,我的父亲就是铁匠。

没有轰动全国的葬礼,也没有金碧辉煌的陵墓,然而法拉第的伟大,却是那些只懂享乐的帝王所不能比拟的。他给后人留下的科学遗产,直到今天还在为人类造福。

科普小知识

物理知识

一、无线电知识

1. 无线电的发现与发展

无线电通信的起源可以追溯到100多年前无线电的发现。1831年,英国科学家法拉第首先发现了电磁感应现象。1873年,英国科学家麦克斯韦建立了完整的电磁波理论。1887年,德国科学家赫兹验证了电磁波的存在。1895年,意大利的马可尼和俄国的波波夫分别利用电磁波的特性实现了莫尔斯电码的发射和接收,并发展了无线电,开创了人类开发利用无线电的新纪元。无线电经过了100多年的发展,逐步被人类所认识,并被广泛应用于国防建设、经济发展和社会生活的各个领域,推动了人类社会的发展。

其中,赫兹用实验验证了电磁波的存在,为无线电技术的发展开拓了道路,被誉为无线电通信的先驱。后人为了纪念他,用他的名字命名了频率的单位,即Hz。

1905年7月,北洋大臣袁世凯在天津开办了无线电训练班,购置了一部分马可尼无线电机,并在南苑、保定、天津等处行营及部分军舰上装用。袁世凯还创办了中国第一所中央政府所属的军用无线电报学堂。

中国人自己的第一个广播电台是由无线电专家刘瀚于1926年10月1日在哈尔滨创办的。

早期，国际无线电管理机构划分了专门的无线电频率用于海上船舶遇险呼救，呼救信号是SOS。

1958年5月1日，新中国的第一家电视台——北京电视台成立。当时的北京电视台就是现在中央电视台的前身。

2. 什么叫无线电

无线电技术是对无线电波使用的统称，是一门专门研究利用无线电波传送各种信息的学科。

3. 什么叫无线电波

无线电波是一种电磁波，它通过电场和磁场的交替变化，以3×10^8米/秒（光速）的速度在自由空间向各个方向传播，其频率一般为3 kHz～300 GHz。

4. 什么是无线电波段

无线电波根据波长和频率，可分为超长波、长波、中波、短波、超短波、微波等波段（也称频段）。长波主要用于导航，如引导舰船和飞机按预定线路航行。中波通常是大众媒介的信息渠道，我们平时就是在这个波段收听广播节目的。短波一般作为远距离通信频率。超短波则是电视的信使。此外，还有一部分波段用于高质量的调频广播。

长波，通常指波长为 1000～10000 米的无线电波。长波具有传播稳定的优点，作用距离可达几千至上万千米。此外，在近距离（200～300 千米以内）也可以由地面波传播，主要用于潜艇和远洋舰艇的通信等。

中波，通常指波长为 100～1000 米的无线电波，主要用于广播、导航和通信等领域。中波兼有长波和短波传播的某些特点，它既可以沿地表绕射传播，也可以通过电离层反射传播。

短波，通常是指波长在 10～100 米范围内的无线电波。短波可以沿地面以地波方式传播，也可通过电离层反射以天波方式传播。短波的主要传播途径是天波，依靠电离层来反射传播。短波广泛应用于远距离通信和广播。

微波，通常指使用波长在 0.1 毫米至 1 米之间的无线电波。微波不需要固体介质，当两点间直线距离内无障碍时就可以使用微波传送。微波通信具有容量大、质量好和传输距离远等优点，因此是国家通信网络的一种重要通信手段，也普遍适用于各种专用通信网。

超短波，通常指波长为 1～10 米的无线电波。超短波主要依靠空间波传播，用于导航、电视、调频广播、雷达、电离层散射通信、固话和移动通信业务等。

通常情况下，无线电波的频率越高，损耗越大，反射能力越强，绕射能力越低。

无线电波的频率与其波长成反比。

5. 无线电频谱资源的特性

无线电频谱既有一般自然资源属性，又有它自身特殊的固有属性。无线电频谱的属性主要包括两个方面：一是无线电频谱是自然资源，属国家所有，从世界范围来讲，无线电频谱又是一项人类共享的自然资源；二是无线电频谱还有它的固有特性，主要有以下 6 个方面。

（1）有限性：由于较高频率的无线电波的传播特性，无线电业务不能无限地使用较高频段，目前人类对于 3000 GHz 以上的频率还无法开发和利用。尽管使用无线电频谱可以根据时间、空间、频率和编码四种方式进行频率的复用，但就某一频段和频率来讲，在一定的区域、时间和条件下使用频率是有限的。

（2）排他性：无线电频谱资源具有排他性，即在一定的时间、地区和频域内，一旦被使用，其他设备是不能再用的。

（3）复用性：虽然无线电频谱具有排他性，但在一定的时间、地区、频域和编码条件下，无线电频率是可以重复使用的，即不同无线电业务和设备可以频率复用和共用。

（4）非耗竭性：无线电频谱资源不同于矿产、森林等资源，它不但可以被人类利用，而且不会被消耗。

（5）固有传播特性：无线电波是按照一定规律传播的，不受行政地域的限制，是无国界的。

（6）易污染性：如果无线电频率使用不当，就会受到其他无线电台、自然噪声和人为噪声的干扰而无法正常工作。

6. 无线电的用途

无线电最早应用于航海中，人们使用莫尔斯电报在船舶与陆地间传递信息。现在，无线电有着更多的应用形式，包括无线数据网、各种移动通信以及无线电广播等。

以下是一些无线电技术的主要应用。

（1）广播：调幅广播可以传播音乐和声音。调幅广播采用幅度调制技术，即话筒处接受的音量越大，电台发射的能量也越大。这样的信号容易受到诸如闪电或其他干扰源的干扰。调频广播能以比调幅广播更高的保真度传播音乐和声音。对频率调制而言，话筒处接受的音量越大，对应发射信号的频率也就越高。调频广播频段越高，其所拥有的频率带宽也越大，因而可以容纳更多的电台。同时，波长越短的无线电波的传播也越接近于光波直线传播的特性。调频广播的边带可以用来传播数字信号，如电台标志、节目简介、网址、股市信息等。

（2）电视：通常的模拟信号将图像调幅、伴音调频合成在同一信号中传播。数字电视采用 MPEG－2 图像压缩技术，由此大约仅需模拟信号一半的带宽。

（3）电话：蜂窝电话或移动电话是当前最普遍的无线通信方式。蜂窝电话覆盖范围通常分为多个区，每个区由一个基站发射机覆盖。通常每个区的形状为蜂窝状六边形，这也是蜂窝电话名称的来源。当前广泛使用的移动电话模式包括 GSM、CDMA、TDMA 等。

（4）数据传输：数字微波传输设备和卫星等通常采用正交幅度调制。QAM 调制方式同时利用信号幅度和相位加载信息。这样，可以在同样的带宽上传递更大的数据量。

（5）蓝牙：蓝牙是一种短距离无线通信技术。它可以支持便携式计算机、移动电话以及其他移动设备之间的通信或数据传输。

（6）辨识：利用主动或被动无线电装置可以辨识或表明物体身份。RFID，即射频识别，俗称电子标签。RFID 射频识别是一种非接触式的自动识别技术，它通过射频信号自动识别目标并获取相关数据，识别工作无须人工干预，可工作于各种恶劣环境。RFID 技术广泛应用于物流、零售、仓储、交通、防伪、安防、医疗和军事等各个领域。

（7）业余无线电：业余无线电是指无线电爱好者参与的无线电台通信。业余无线电台可以使用整个频谱上很多开放的频带。爱好者们使用的很多技术，有些后来成为商用技术，比如调频、上边带调幅、数字分组无线电和卫星信号转发器，都是由业余爱好者首先应用的。

（8）导航：几乎所有的卫星导航系统都使用装备了精确时钟的卫星，导航卫星播发其位置和定时信息，接收机同时接受多颗导航卫星的信号。接收机通过测量电波的传播时间得出它与各个卫星的距离，然后计算出其精确位置。

（9）雷达：通过测量反射无线电波的延迟来推算目标的距离，并通过反射波的极化和频率感应目标的表面类型。

（10）加热：微波炉利用高功率的微波对食物进行加热。

（11）生物学应用：一种能够对昆虫进行无线遥控的新技术。

（12）动力：无线电波可以产生微弱的静电力和磁力。在微重力条件下，可以被用来固定物体。

（13）宇航动力：有方案提出可以使用高强度微波辐射产生的压力作为星际探测器的动力。

（14）天文学应用：通过射电天文望远镜接收到的宇宙天体所发射的无线电波信号可以研究天体的物理结构和化学性质。这门学科叫射电天文学。

7. 无线电广播

无线电波根据声音调制的不同，可分为调频波与调幅波两大类，调频波简称为 FM，范围为 87~108 MHz。调幅波简称 AM，可分为短波、中波、长波，相对应的英文简称为 SW、MW、LW。

现在世界上各个广播电台所发射的无线电波通常有两种，一种叫调幅波，另一种叫调频波。能接收调幅波的收音机就叫调幅收音机，能接收调频波的收音机就叫调频收音机。调频广播抗干扰能力强，节目听起来要比调幅广播音质丰富、清晰和逼真，但调频广播传播距离有限。

调幅广播分为长波、中波和短波三大波段，目前我国只有中波和短波两个波段的无线电广播。中波广播主要靠地波传播，也伴有部分天波；短波广播主要靠天波传播，近距离内伴有地波。短波传播距离远、经济方便。调频制无线电广播多用超短波（甚高频）无线电波传送信号，主要靠空间波传播。

8. 国际电信联盟

国际电信联盟（ITU）是联合国专职机构之一，主管无线电通信。1932年，70多个国家代表在马德里举行会议，决定将"国际电报联盟"改名为"国际电信联盟"。1947年，国际电信联盟成为联合国的一个专职机构。1920年，中国加入了国际电报联盟。1972年，国际电信联盟理事会承认并恢复了中国的合法席位，1973年，中国被选为电联理事国。1969年5月17日，决定把国际电信联盟的成立日5月17日定为"世界电信日"。

为划分无线电频率，国际电信联盟《无线电规则》将世界划分为三个区域，位于第三区的国家主要有中国、印度、日本、澳大利亚等国。

9. 无线电通信系统主要组成部分

无线通信系统一般由发信机、收信机和天线（含馈线）组成。

发信机：发信机的主要作用是将所要传送的信号先进

行对载波信号的调制，形成已调载波；已调载波经过变频（某些发射机不需要这一步骤）成为射频载波信号并送至功率放大器，最后经功率放大器放大后送至天（馈）线。

天线：天线是无线电通信系统的重要组成部分，其主要作用是把射频载波信号变成电磁波，或把电磁波变成射频载波信号。馈线的主要作用是把发射机输出的射频载波信号高效地送至天线。这一过程要求馈线的损耗要小，而且其阻抗应尽可能与发射机和天线的输出阻抗相匹配。

收信机：收信机的主要作用是将天线接收下来的射频载波信号进行低噪声放大，然后经过变频、中频放大和解调后还原出原始信号，最后经低频放大器放大后输出。

目前使用的无线电通信系统，大多采用双工方式，因而通信双方各自都有发信机、收信机和天（馈）线，而且收发信机应做在一起且带有双工器。

10. 无线电对讲机

无线电对讲机是用于发射和接收语音信息的双向无线电通信设备。每一部无线电对讲机通常是由发射器、接收器、麦克风、扩音器、天线和电源组成的。手提式对讲机用电池作为电源，而车载式无线电可使用汽车电源。

当发信者通过麦克风讲话时，语音信号即可转换为电信号，电信号再经发射器放大为无线电信号，然后通过天线发射到空中，当接收方的天线接收到该信号后，送至接收器，解调为原来的语音信号，再由扩音器播放出来，这样，就可以听见发信者的声音了。

对讲机从使用方式上可分为手持式、车（舰、机）载式、固定式和转发式。

从工作方式上可分为单工通信的单工机和双工通信的双工机。

从技术设计上可分为模拟对讲机和数字对讲机。

从设备等级上可分为业余无线电对讲机和专业无线电对讲机。

从通信业务上可分为公众对讲机、数传对讲机、警用对讲机、航空对讲机和船用对讲机。

11. 无线电话终端设备

无线话筒：每套无线话筒由若干部袖珍发射机（可装在衣袋里，输出功率约 0.01 W）和一部集中接收机组成，每部袖珍发射机各有一个互不相同的工作频率，集中接收机可以同时接收各部袖珍发射机发出的语音信号。它适用于舞台、讲台等场合。

无绳电话机：是一种自动电话单机。这种电话单机由主机和副机两部分组成。使用时，将主机接入有线电话网，用户可离开主机几十米远，利用副机接打电话。这种电话单机的主机与副机之间是通过无线电相连接的，通话内容将暴露于空中，如使用不慎，会造成空中泄密。所以使用时要充分注意这一点。

专向对讲机：通常所说的对讲机。每部话机为一组频率，频率间隔为 25 kHz，使用时可根据需要配置一个或几个频点。话机输出功率为 5 W 以下（一般分为 0.5 W 以下、2 W、3 W、5 W 几个等级）。此类话机一般只限于利用本机上配备的小型鞭状天线，供专向对讲使用。

单频组网话机：通常所说的车载台或基地台。每部话机为一组频率，频率间隔为 25 kHz，使用时可根据需要配置一个或几个频点。其输出功率为 5～25 W（一般分为 5 W、10 W、15 W、25 W）。也可根据使用要求，按量生产 5 W 以下的话机，作为组网配套使用。中心台或基地台的发射机输出功率不得超过 25 W。此类话机主要用于单频单工建网，在少数远距离专向通信的情况下也可使用。

双频组网话机：每部话机为一组频率，频率间隔为 25 kHz，收发频差规定为 5.7 MHz（D 频段）和 10 MHz（E 频段），使用时可根据需要，每部话机配置一定量的频点。此类话机主要用于双频单工（或双工）建网，少数远距离专向通信也可使用。

袖珍铃话机：每套袖珍铃话机由一部发射机和若干部袖珍接收机组成，发射机作为中心台或基地台，输出功率一般为 25 W，在较大的工作区域内，可以有控制地使用 50 W 或 100 W 以下的功率，但功率绝不能超过 100 W。与其配套的若干部袖珍铃接收机只有一个相同的频率，使用者可通过中心台向分散的作业点（或人员）做单向传话或传输其他信号，如电话号码或汉字等。

手机：移动电话，通常称为手机，日本及我国港台地区通常称为手提电话、手电、携带电话，早期又有"大哥大"的俗称，是可以在较广范围内使用的便携式电话终端。

12. 无线电遥测

无线电遥测是利用无线电波在离测量仪器有一定距离的位置时自动显示或记录测量结果的过程。在很多涉及国计民生的重要行业中，对自动化程度的要求越来越高，目前在这些行业的无线遥控遥测 SCADA 系统已日趋完善，并且逐渐形成了比较规范的行业标准，在技术层面上得到了广大客户的认可，在管理层面上得到了中央政府的大力支持，使 SCADA 系统进入了一个高速增长期。SCADA 系统的主要传输途径是无线数传电台，数传电台是集无线通信技术、无线调制解调技术、计算机控制技术为一体的高技术产品。

13. 无线电遥控

无线电遥控利用无线电波把测量和控制装置与判决单元联通，以实现对远距离设备进行操作和控制。这些信号被远方的接收设备接收后，可以指令或驱动其他各种相应的机械，去完成各种操作，如闭合电路、移动手柄、开动电机等。所以，各个控制的信号在频率和时间的延续上都彼此不同，在控制船舶、飞机、导弹等海空行体上应用极为广泛。

14. 无线电运动

无线电运动是现代科技与体育相结合的产物。它要求运动员具有一定的无线电技术和其他有关方面的知识。

无线电运动包括无线电工程设计制作、无线电快速收发报、无线电测向、无线电通信和业余无线电台五个项目。

无线电工程设计制作以熟悉并掌握无线电理论为目的，参赛者按统一的规定装置和调试无线电设备，以速度快、性能好者为优胜。

无线电快速收发报以练习抄收和拍发莫尔斯电码为内容，所谓莫尔斯电码，又称"大陆电码"，是利用电流通断产生的信号进行信息传递，因美国人莫尔斯发明而得名。快速收发报竞赛以收发报的速度快、错误少者为优胜。

无线电测向是以无线电测向机为工具，寻找隐蔽发射台，在规定时间内找到的电台数量多者为优胜。因发射台隐蔽巧妙不易发觉，被喻为"狐狸"，测向运动因此又叫"猎狐运动"。

无线电通信多项是运动员携带小型电台在野外完成的一系列通信任务，其中包括开设电台、定向行军、行进中无线电专向通话、抄收无线电信号和通播电报、专向通报、拆收电台等项目。比赛以完成任务时间短、错误少者为优胜。

业余无线电台是无线电爱好者利用业余电台进行训练、研究和比赛的活动，主要形式是开设业余电台，在业余频段上同世界各地无线电爱好者进行通信联络。比赛以在规定时间内联络到的电台多、区域广、距离远者为优胜。设立无线电台须经国家有关部门批准。我国目前只准设立集体业余电台。中华人民共和国第一座集体业余电台始建于1958年，呼号为"BY1PK"。

世界各国开展业余无线电运动的项目名称、组织形式和活动内容不尽相同，联合国国际电信联盟把"凡是业余的经正式核准的，单纯由于个人兴趣，有志于无线电技术的人员，不以赢利为目的自我训练，相互通信以及进行各种技术探讨的无线电通信业务"称为"无线电业余业务"。

二、磁场知识

1. 磁场

对放入其中的小磁针有磁力作用的物质叫磁场。磁场既看不见，又摸不着，它是一种特殊物质。磁体周围存在磁场，磁体间的相互作用就是以磁场作为媒介的。由于磁体的磁性来源于电流，而运动的电荷形成电流，因而概括地说，磁场是由运动电荷或变化电场产生的。磁场的基本特征是能对其中的运动电荷施加作用力。

与电场相类似，磁场是在一定空间区域内连续分布的矢量场，描述磁场的基本物理量是磁感应强度。磁场可以用磁力线形象地表示出来。但是，我们应明确地知道，磁感线并不真实存在，它只是能帮助我们更好地理解磁场。

然而，作为一个矢量场，磁场的性质与电场有很大不同。运动电荷或变化电场产生的磁场，或两者之和的总磁场，都是无源有旋的矢量场，磁力线是闭合的曲线，不中断、不交叉。也就是说，在磁场中不存在发出磁力线的源头，也不存在会聚磁力线的尾端。

关于磁场，有一些有趣的故事。

你是否听说过鬼屋、鬼蜮？传说住在这些地区的人常会做一连串的噩梦，梦中的情景令人恐怖、惊慌，并常常与死亡相纠缠。宇宙空间的强射线粒子波，可造成人体或者物体分子键的断裂、无形的衣物裂口、人体皮肤的浅表性伤痕、无明火自燃等。如果人在强磁场区域入睡，可产生较恶劣的梦幻联想状态。人类在夜间所做的噩梦，与白天的联想作用也有关。假如人在白天进入过极其恐怖的区域，一旦到了夜晚入睡时，这个人的脑部活跃的神经系统就会将其带入梦幻的联想中，并且再现恐怖的时空景象，从而形成人类对梦境的过度相信。

有一位年轻人和他的一位同伴一起进入深山打猎，他们事先并不知道这一区域存在较强的地磁（与其说是地磁，不如说是强大的磁铁矿）。夜幕降临后，这两位年轻人准备入睡，但是其中一人翻来覆去怎么也睡不着，他便开始回忆一天的所见所闻，不知不觉地，逐渐进入睡梦中。梦中的他独自到了一处巨大的建筑群落中，这个群落破败不堪，残墙断壁，呈现出一片凄凉恐怖的景色。四处静得可怕，更可怕的是，他偶尔会听见一声声的鬼哭狼嚎，声音消失后，四周的安静就显得更加诡异。这时，这个年轻人感觉有一个无形的身影正跟着自己，他的心怦怦直跳。难道传说中的鬼蜮就在眼前吗？他心里的恐惧可想而知！想着想着，忽然有一个灰白色的身影在他身前闪过，然后一跳一跳地不见了。天呀！他的魂都要被吓出来了！他觉得异常恐怖，想掉头就跑，可是浑身无力，怎么跑也跑不动。忽然，一个张牙舞爪、青面獠牙、吐着长长舌头的白发女鬼出现在他面前，他吓得"妈呀！妈呀！"叫个不停，这个女鬼开始不停地抓他的脸和身体，他情急之下只知道喊救命了！喊着喊着他突然醒了过来，此时，他的心还在狂跳不止。他这么一喊，把旁边的同伴给吵醒了。同伴用手捅了捅他说："喂，伙计，你怎么了？"于是，他使劲儿揉了揉双眼，说："我的妈呀！太吓人了！也不知怎么了，有一个女鬼在追我，还用手拼命挠我，挠得我浑身是血！""嗨！原来是这样啊，你是不是做噩梦了？你喊这么大声，把我都惊醒了！"旁边的同伴说。两人聊了一会儿后，又继续睡觉了。

在我国河南焦作封门村，有许多人说亲眼见证过灵异事件，这些灵异事件与上述的梦境成因是一个道理。由自然环境所造成的人类在梦中出现幻觉是很普遍的。

磁辐射是一把双刃剑，既可造福于人类，也可对人类产生伤害。伦琴射线的人体透视、核磁共振的成像机理、红外线的疾病治疗、远距离卫星信息通信、雷达、射电天文望远镜，等等，无不显示了它的神通广大。但是强磁辐射会造成人体大脑的思维延伸，导致大脑的错觉联想判断。电磁和自然环境的影响可使人体对社会做出伤害性行为动作。有效的电磁波射线频率、波长可使人类的疾病缓解，而那些不适合人体功能恢复和可导致脑神经系统病态升级的电磁波辐射，人类应当尽量远离。

2. 地球磁场

在地球上的某个地方（南北极除外）放一个小磁针，让其自由转动，当其静止时，磁针的北极（N极）总是指向地理北极（也就是地磁南极）附近，这是由于地球周围存在着地球磁场。地球磁场有大小和方向，所以是矢量场。地球磁场分布广泛，从地核到空间磁层边缘处处存在。

历史上第一个提出地球磁场理论的是英国人吉尔伯特。吉尔伯特在1600年提出一种理论，他认为地球本身就是一个巨大的磁体，它的两极和地理两极相重合。这一理论确立了地球磁场与地球的关系，指出地球磁场的起因不应该在地球之外，而应在地球内部。

1839年，德国著名数学家高斯在他的著作《地磁力的绝对强度》中，从地磁成因于地球内部这一理论出发，创立了描绘地球磁场的数学方法，从而使地球磁场的测量和起源研究都可以用数学理论来表示。但这仅仅是一种形式上的理论，并没有从本质上阐明地球磁场的起源。

现如今，科学家们已经基本掌握了地球磁场的分布与变化规律，但是，对于地球磁场的起源问题，科学家们却一直没有找到一个令人满意的答案。

2010年，一项研究显示，地球磁场形成于34.5亿年前。地球磁场形成的时间与地球上最初生命的形成时间相符，地球磁场的形成有效地避免了地球上最初的生命形态遭受太阳磁辐射的破坏。

大量的事实和证据表明，地球磁场的磁极曾经互换过。

地球磁场并不是毫无变化的，它的强度与地磁极位置会改变。科学家发现，地磁极会周期性地逆反定向，这一过程称为地磁反转。地球磁场会在太空与太阳风和其他带电粒子流互相作用，因而形成磁层。地球磁层并不是球状的，在面对太阳的一面，其边界离地心的距离约为70000千米（随太阳风强度的不同而变化）。

科学家称，地球磁场在过去200年中已经减弱了15%，这有可能是地球磁场将反转、两极颠倒的先兆，如果发生这一情况，将给地球及人类带来灾难性影响。

科学家称，如果地球磁场反转真的发生，地球将遭遇强太阳风，并可能引发持续数月的大规模停电。此外，地球磁场反转还将导致地球气候发生剧烈变化，并使人类遭受更多的宇宙辐射，辐射会使人类患癌几率大幅提升。

科学家同时表示，地球磁场每一百万年就会反转4~5次，尽管现在出现了一些迹象，但目前掌握的研究成果还不能确定地球磁场即将反转。

3. 太阳磁场

太阳磁场是分布于太阳和行星际空间的磁场，分大尺度结构和小尺度结构。大尺度结构主要是指太阳普遍磁场和整体磁场，它们是单极性的；小尺度结构则主要集中在太阳活动区附近，且绝大多数是双极磁场。

太阳磁场的来源是一个尚未解决的难题，现有学说可分为两类：

一是化石学说，该学说认为现有的磁性是几十亿年前形成太阳的物质遗留下来的。理论计算表明，太阳普遍磁场的自然衰减期长达100亿年，因此，磁性长期留存是可能的。

二是目前得到普遍承认的发电机学说（太阳平均磁流发电机机制），该学说认为太阳的磁场是带电物质的运动使微弱的中子磁场得到放大的结果。既然太阳的物质绝大部分是等离子体，并且经常处于运动状态，那就可以利用发电机效应来说明关于太阳磁场起源中的若干问题。

太阳磁场理论的一个重要课题是太阳活动周的形成机制。目前得到公认的是较差自转理论。它认为太阳的较差自转（太阳自转）使光球下面的水平磁力线管缠绕起来，到一定时候，上浮到日面，形成双极黑子。由于大量的双极黑子磁场的膨胀和扩散，原来的普遍磁场被中和掉了，接着就会出现极性相反的普遍磁场。这样就可以解释太阳的 22 年磁周。

2013 年 12 月 29 日，美国国家航空航天局（NASA）表示，太阳磁场目前已经完全翻转，南北极对换。现在太阳磁场又开始向反方向移动，这一过程将耗时 22 年，届时太阳两极又会发生转换。

就职于美国国家航空航天局的托尼·菲利普斯说："太阳磁场翻转是个大事件，太阳磁场的影响远达数十亿千米，超越了冥王星所在位置，甚至影响到了正接近星际空间的'旅行者 1 号'。"

太阳磁极转换不仅会影响地球，甚至对整个太阳系都会产生影响。美国斯坦福大学的太阳物理学家托德·何塞马表示，科学家正通过视频和图像数据寻找磁极转换时太阳的状态，转换过程中，南北磁极将通过赤道迁移到相反的两极，北半球的磁极将首先出现变化。在太阳磁极转换的过程中，太阳磁北极与磁南极将会相互对调，磁极变化可导致太阳表面出现一系列的活动增强事件，将比平时出现更多的能量释放，这会导致日地空间出现不稳定的情况。

不仅地球会受到太阳活动增强的影响，其他行星也会出现类似的反应，比如木星上的风暴圈、土星的极光等都与太阳活动息息相关。当然，太阳磁极转换对地球来说并非完全是坏事儿，在某些方面甚至可以保护地球，使地球免受银河系以及河外星系深空射线的威胁，比如超新星爆发事件中产生的射线等。

4. 行星磁场

行星磁场的产生机理，至今仍然是一个谜。关于行星磁场产生的原因有多种假说，这些假说虽然能够解释一些现象，但每一种假说都有它们的理论缺陷。行星磁场理论还是一个理论假设而已。

根据现代电磁理论：磁场是由运动的电场产生的。就电场产生磁场的具体形式来说，主要有以下几种：

（1）分子电流——分子、原子内的电子绕核旋转而产生磁场，这是永磁体磁场的产生机理。

（2）普通电流——这是普通电磁铁产生磁场的机理。

（3）点电荷的机械运动——这是罗兰实验中罗兰盘产生磁场的机理。

所以，行星磁场的产生无非就来自于上面的几个原因：

（1）由分子电流产生（即传统的永磁体假说）。

此观点认为：行星内部存在着一个巨大的铁镍质的永磁体核心，这个永磁体核心产生了行星磁场。

有人否定此观点，他们认为永磁体是有居里点（磁性转变点）的，即永磁体在一定温度下将失去磁性。铁镍永磁体的居里点约为770℃，而许多行星内部的温度普遍超过1000℃，在这个温度下，铁镍永磁体早已失去了磁性。所以，行星磁场来源于行星内部永磁体的观点已经逐渐不被人们接受。

(2) 由恒定电流产生。

该假说认为地核是一个带正电荷的等离子体，行星核中央部分由于高温、高压，而将电子"挤"了出来，使它带正电荷；行星核外层是一个全部由电子充满的壳层，这个壳层是超导体，正是超导体永不衰减的电流产生了行星的磁场。

这个假说有一定的科学道理，也能解释一些现象，是一种比较有前途的假说。

(3) 由做宏观机械运动的点电荷产生。也就是和罗兰实验中罗兰盘的磁场的产生机理是一致的。

前面的两种假说都难以解释行星磁场的强度和行星的自转密切相关这一现象。而从八大行星的有关数据来看，行星的磁场强度和行星的自转似乎是密切相关的。例如：金星，它和地球其他参数很接近，但是它的自转速度很慢，几乎没有磁场；而自转周期很短的行星几乎都有强磁场，如木星、土星。所以，行星的磁场来源于本身所带电荷的机械运动。也就是说，行星的某个特定的区域由于某些物理、化学原因而带上了某种电荷，这些电荷随着行星的自转而做圆周机械运动，这种做圆周机械运动的电荷必然产生一个磁场，这个磁场就是该行星的磁场来源。

下面我们再来简单介绍一下木星环与磁场的关系。

与土星炫目壮观的光环相比，木星昏暗的光环显得很不起眼，但它却让天文学家困惑了许多年，原因就在于其外层光环的不对称性。如今，研究人员报告说，木星强大的磁场和太阳光能量效应之间的"拉锯战"使这颗行星的外环产生了形变。这一发现将有助于改变对形成环绕土星和其他行星的环的力的认识。

人们在地球上很难发现木星环。1979年，美国的两艘"航行者"探测器飞抵木星，借助太阳从背后发出的光线，天文学家首次发现了木星环。据观测，木星环大约有13万千米宽，或者说接近于土星环的一半。这两个行星环还有一个差别，那就是它们的形状。土星能够保持土星环的形状，而木星环的最远端却向外延伸至木卫十四。

如今，有两位天文学家认为他们已经找到了问题的答案。他们分析了之前由美国国家航空航天局的"伽利略"太空船发回的数据——这艘太空船在2003年坠入行星大气之前曾短暂拜访木星环。这两位天文学家在英国《自然》杂志上报告了这一研究成果。他们发现，行星环中的微粒缓慢围绕木星运转，它们从来自太阳光的能量中获得了一个电荷。随后，当这些微粒坠入木星的阴影区后，便会受到来自行星强大磁场的几个方向的力的牵引。最终的结果是使木星环背侧的轨道远离木星，直至到达木卫十四。

那么，土星环为什么没有出现类似的变形现象呢？这是因为木星磁场强度是土星磁场强度的10倍，且到达木星的太阳光也比土星更为强烈。天文学家解释说，这两种效应作用的最终结果使得木星的阴影区变得更加重要。

作为美国国家航空航天局的"卡西尼"号探测器科学团队中的一员，康奈尔大学的天文学家约瑟夫·彭斯说："科学家终于搞清了木星环的奥秘，这一发现具有重要的意义。""卡西尼"号探测器如今正在围绕土星运转，彭斯希望，它能够在土星环中发现类似的——也许更加细微的特征。

5. 恒星磁场

恒星磁场是恒星内部有传导力的等离子运动产生的磁场。这种运动是由对流产生的，是一种包含物质有形运动的能量传输。地区性的磁场会对等离子产生作用力，在密度没有可以比较的增益下，有效地增加压力。因此被磁化的地区相对于其他的等离子上升，直到抵达恒星的光球。这将在恒星的表面创造出星斑和冕圈的相关现象。

恒星磁场依据太阳发电机理论，是在恒星的对流区域内造成的。导电的等离子形成的对流环圈功能很像发电机，这项活动破坏了恒星原始的磁场，然后生成一个偶极磁场。如果恒星经历较差自转（在不同的纬度有不同的自转速率），磁力将受到伤害而成为环形的"通量索"，缠绕着这颗恒星。这种场可以高度集中，当它们出现在表面上，可以产生一些活动。

导电的气体或液体在磁场中转动会产生自感的电流和自发的磁场，由于结合了较差自转（物体不同部分有不同的角速度），于是，便有科氏力和感应的组合。电流的分布可以很复杂，有无数开放和封闭的循环，因此紧邻这些电流的磁场也是多重缠绕的。但是，在遥远的距离上，只会出现净偶极场的存在，随着距离的增加，在相反方向上流动的电流和磁场会互相抵消而逐渐减少。因为主要的电流流动是大规模的导电体运动（赤道电流），而赤道电流循环的偶极场是产生磁场的主要原因，因此转动体磁场的磁极会出现在地理两极附近。